TASCABILI BOMPIANI 1218

MASAL PAS BAGDADI
MAMMA MIRIAM

I GRANDI TASCABILI
BOMPIANI

Realizzazione editoriale Compos 90 srl

ISBN 978-88-452-7299-8

Via Angelo Rizzoli 8 – 20132 Milano

I edizione Tascabili Bompiani marzo 2013

In memoria di mia madre Miriam,
figlia di rabbi Mussà e Simha Shettah

אלי, אלי
שלא יגמר לעולם
החול והים,
רשרוש של המים,
ברק השמיים,
תפילת הארם.

Mio Dio, Mio Dio
fa che non abbiano mai fine,
la sabbia e il mare
il mormorio delle acque
il luccichio del cielo
la preghiera degli uomini.
Hannah Senesh

Il mio paese di adozione
(Io e gli italiani)

Se ti opponi al tuo destino gli sei succube, se invece ti adatti ne rimani padrone.

Proverbio yiddish

Dopo la mia autobiografia *A piedi scalzi nel kibbutz*, pensavo di aver esaurito la mia testimonianza riguardo la comunità ebraica di Damasco.

Una comunità ricca di tradizioni e cultura che viveva fianco a fianco con quella musulmana da migliaia di anni, ma sparita in pochi decenni per via delle persecuzioni razziali perpetrate dagli arabi all'inizio del Novecento.

Alle prime avvisaglie della violenza, i più ricchi, per salvare la pelle e gli averi, liquidarono gli affari e emigrarono verso paesi lontani. I più poveri furono invece concentrati in un quartiere della città, chiamato Haret el Yehud. I *pogrom* non sono tardati a venire e gli ebrei indifesi diventarono sempre più oggetto di violenza incontrollata da parte del popolo. Nel volgere di alcuni anni Damasco si svuotò dei suoi ebrei fino a che la comunità intera fu eliminata, spazzata via, come se non fosse mai esistita. E non per un'alluvione o un terremoto, ma semplicemente per l'odio razziale che gli arabi nutrivano nei confronti dei loro concittadini ebrei, che vivevano in quel luogo antico da tempo immemorabile.

Il bilancio, tra il 1944 e il 1948, era pesante: migliaia di persone fuggite, morte oppure uccise. La fuga clandestina verso la Palestina era l'unica via di scampo.

Quando ho intrapreso l'avventura di raccontarmi, desideravo soprattutto lasciare una traccia delle mie radici ai miei figli e ai miei nipoti, in modo che avessero un legame con il passato per poter ricostruire il loro albero genealogico, se lo desideravano. Non mi rendevo conto che la mia storia poteva avere risonanza emotiva in tante persone comuni, senza distinzione di religione, razza o di stato sociale.

La proposta dell'editore di presentare il libro in varie città mi ha colto di sorpresa, ero restia a apparire in pubblico. Avvertivo una specie di inspiegabile pudore, e un senso di inadeguatezza. Pensavo che il mio racconto fosse una vicenda privata, anche se ciò era in netta contraddizione con il mio bisogno di comunicarlo a un vasto pubblico. In realtà nel libro ho permesso al lettore di intrufolarsi nella mia vita: lo avevo stuzzicato, incuriosito, e ora a ragione desiderava confrontarsi con me in maniera diretta.

Il destino di Tune-Masal, scappata ad appena cinque anni e mezzo da chi la voleva uccidere soltanto perché ebrea, somiglia a quello di tante persone costrette a fuggire dalle persecuzioni razziali o politiche. Oltre alla vicenda personale, la gente voleva sapere come si fa a superare simili traumi, cosa succede nella mente di chi sopravvive.

A piedi scalzi nel kibbutz certo non bastava a salvare i ricordi e i pensieri depositati dentro di me. E durante le presentazioni sentivo di dover ancora fare i conti con il passato, e soprattutto con il presente, per far diventare l'Italia il mio paese di adozione.

Ho deciso così di continuare a percorrere la penisola e raccontare ancora e ancora. Ho provato a pensare come sarei stata con i miei nuovi lettori e mi sono immaginata così come sono, semplice, libera di comunicare agli altri la mia esperienza e la mia fiducia nei confronti della vita, senza mistificarla. Credo profondamente che ogni uomo abbia dentro di sé una scintilla vitale e affettiva da far emergere; e cerco di aiutare chi me lo chiede a superare le difficoltà per ritrovarla.

Sicuramente questa visione della vita mi accompagna da sempre e sta alla base del mio processo mentale personale e professionale.

Durante questo viaggio ho scoperto gli italiani, un popolo affettuoso e accogliente. La gente voleva conoscermi, parlarmi, toccarmi, stringermi le mani; mi sentivo in armonia con chi avevo davanti...

Nei vari incontri, al di là della mia storia personale, ho notato un grande interesse riguardo il conflitto israelo-palestinese. A volte qualcuno politicamente impegnato in maniera un po' aggressiva pretendeva che mi assumessi la mia parte di responsabilità politica sulla questione, sulla quale naturalmente non avevo alcuna influenza o potere.

Durante un'intervista a una radio svizzera, fra le tante telefonate ho ricevuto quella di un palestinese che, in tono provocatorio, mi ha detto: "Che cosa dire, signora, di me, che sono dovuto scappare dalla Palestina nel 1948 e ero ancora un bambino?"

Ho risposto che per i bambini le fughe e gli abbandoni sono sempre sofferenze gravi, siano essi israeliani, palestinesi, ebrei o cinesi. È importante comunque elaborare negli anni l'esperienza dolorosa a livello psicologico per non rimanere soffocati dalla rabbia che quei tragici avvenimenti provocano nella mente di chi li subisce. Sono sentimenti che spesso si trasformano in odio irrefrenabile, che seminano distruzione, aggiungono patimenti a altri patimenti, e che per di più intralciano il proprio sviluppo personale e sociale. Per me è stato vitale individuare un canale creativo per usare le mie sofferenze passate a vantaggio degli altri; ho imparato un mestiere che mi permettesse di aiutare le persone in difficoltà psicologica. Ed è proprio questo a rendermi felice. La mia storia, come la sua del resto, è stata segnata da paure, angosce e disagi, tormenti comuni a tutti i profughi.

Ho atteso inutilmente una reazione: il mio interlocutore era svanito nel nulla. Forse la rabbia nel suo cuore gli aveva paralizzato la mente, impedendogli di formulare pensieri conciliatori.

In altre occasioni mi sono giunte richieste di sostegno terapeutico: ricordo che al termine di un incontro una donna mi ha supplicato di aiutare la bambina che aveva dentro di sé a guarire da vecchie sofferenze (aveva cinquantatré anni); un uomo mi ha chiesto di curare la moglie afflitta da una grave forma depressiva; mentre il padre di un diciassettenne che da anni non usciva di casa nonostante le cure psichiatriche mi ha pregato di occuparmi del figlio, anche se viveva in una città lontana.

Qualcuno mi ha detto che *A piedi scalzi nel kibbutz* è solo una sorta di indice. E aveva ragione. Così ho iniziato a viaggiare con una certa dose di euforia, mi piaceva l'idea di questa nuova prospettiva che la vita mi proponeva. A ogni incontro si ricreava quella magia inaspettata: io e gli altri, gli altri e me, le distanze si accorciavano e la gratitudine reciproca era sincera. Mi piacerebbe che il lettore si servisse della mia storia come se fosse sua, che prendesse quello che lo appaga e tralasciasse quello che non lo interessa.

Ecco perché ho deciso di tenere un diario di bordo per i lettori futuri.

Di mamma in mamma
Lerici, Villa Marigola

Queste donne si riconoscono per una caratteristica piuttosto singolare, sono infatti serene e luminose, poiché non hanno paura per i loro figli né hanno paura di loro...

Aldo Nauri, *Adulteri*

Intimità. Sono salita sul treno Roma-La Spezia in una afosa giornata d'agosto. I vagoni erano affollati di persone che andavano in vacanza. La gente accaldata e sudata sistemava i bagagli negli appositi alloggiamenti e aspettava che il treno partisse e si accendesse l'aria condizionata.

Desideravo riposarmi dalla fatica accumulata durante l'anno, non avevo voglia di intrattenere conversazioni con chi mi stava vicino, parlare del più o del meno, del caldo, della meta del viaggio o del cattivo funzionamento delle Ferrovie dello Stato. Questo argomento in particolare è amato dai passeggeri e si presenta puntualmente in ogni viaggio, li avvicina gli uni agli altri e come per incanto crea un'atmosfera familiare rassicurante che attenua per un po' l'estraneità.

I convenevoli che si scambiano per formalità con chi ci sta accanto mi disturbano e mi innervosiscono, mi sento invasa nella mia intimità che cerco con fatica di conquistare anche sul treno. Sbarazzarsi dei vicini non è facile come sembra. Ma allenandomi nei viaggi tra Roma e Milano ho imparato a liquidare gli intrusi con un cenno gentile della testa (è quello che la gente vuole) e un sorriso appena abbozzato sulle labbra, sperando che lo scocciatore si scoraggi e mi lasci in pace. Purtroppo non sempre ottengo gli stessi risultati, a volte il mio sorriso viene interpretato come un invito alla conversazione e allora sono guai...

In dormiveglia. Oggi il mio trucco ha funzionato, il caldo ha sfiancato tutti e la voglia di conversare si è spenta.

Per me dunque il viaggio è un'occasione di distensione, lontano dagli impegni quotidiani, è una specie di spazio neutro che mi permette di sgombrare la mente e fare emergere ogni genere di pensieri e ricordi rigenerativi.

A questo punto mi sistemo sulla poltrona, chiudo gli occhi e faccio finta di dormire. Penso all'incontro di stasera. I miei lettori a Lerici mi stanno aspettando...

Il mondo fuori è sempre più lontano da me, sono avvolta da un cerchio invisibile di protezione, mi rilasso, i rumori di sottofondo mi tengono compagnia. Godo di questa sensazione, mi piace sentirmi isolata in mezzo agli altri.

E lascio la mente vagare nel dormiveglia.

Un sogno. Il mio intento di pensare all'incontro di stasera svanisce nel nulla, i pensieri non mi obbediscono divagando senza controllo. Improvvisamente mi torna alla mente un sogno che ho fatto molti anni fa, sorrido all'idea che le vie dell'inconscio sono davvero imprevedibili.

In quel periodo ero in analisi dalla mia strizzacervelli, ero sdraiata sul lettino, lei era seduta alla scrivania dietro di me, di fronte a me sul muro era appeso un orologio a pendolo che ticchettava senza tregua come un cuore artificiale. Odiavo quel rumore, perché nei momenti di silenzio ne aggravava il peso, quasi colpevolizzando il paziente che non produceva pensieri. A volte mi veniva il desiderio di fermarlo per sempre, in modo che la mia analista sentisse solo il mio cuore e la mia voce senza essere distratta da altro.

Quel giorno ero arrivata in studio allegra e felice più del solito, cosa alquanto rara visto che in genere uscivo dalle sedute con gli occhi rossi di pianto, avevo fretta di raccontare all'analista il mio sogno. E condividere con lei, custode della mia vita (almeno così mi piaceva immaginarla), la mia felicità prodotta dal sogno.

Iniziai a raccontare... stanotte ho sognato di mangiare con gusto un'anona (un frutto esotico a forma di pigna verde che all'interno ha una polpa bianca dolcissima con semi neri lucidi), succhiavo la polpa e sputavo i semi neri per terra con soddisfazione.

Ero così felice, nel sogno, di evocare quel sapore arcaico della mia infanzia che volevo davvero che lo sentisse anche lei, che lo assaporasse. E che godesse del frutto che si scioglie in bocca e riempie il palato, una sensazione sublime e sensuale capace di suscitare fantasie gradevoli.

Ma lei come sempre era rimasta seduta in silenzio, quasi fosse muta, imbalsamata nel suo abito e inchiodata alla sua sedia. Per me era inconcepibile che il mio entusiasmo e la mia allegria non la contagiassero: quello che descrivevo era così vivo e palpabile, che pensavo lo sentisse per forza come me.

Passarono alcuni secondi e io aspettavo la sua reazione viva, partecipe... Ma il silenzio regnava nella stanza come un padrone opprimente. Per interrompere l'imbarazzo mio e dell'analista dissi che se fossi riuscita a trovare in Italia l'anona gliel'avrei regalata.

Lei, sempre composta sulla sua sedia, formulò la sua interpretazione: "Il frutto che mangi e i semi che sputi per terra significano l'attacco e la svalutazione aggressiva del seno materno: sputando i semi per terra, esprimevi la tua rabbia nei confronti di tua madre."

Un'interpretazione. Un'interpretazione scioccante che non corrispondeva in nessun modo alle mie emozioni. Quelle parole erano come una doccia fredda per la mia anima. Mi interrogai in silenzio. Come mai lei non ha colto il godimento e il piacere che io ho sentito? E perché ha sottolineato solo un aspetto aggressivo di questo sogno?

In pochi secondi il mio umore era cambiato e non desideravo più regalarle quel frutto così squisito. Poi mi chiesi come mai una sensazione per me così piacevole potesse aver evocato in lei emozioni opposte. E che dire di questa gelida interpretazione? Rimasi zitta a ascoltare il ticchettio dell'orologio a pendolo appeso davanti a me sul muro: ora quasi mi faceva compagnia, mentre aspettavo che finisse la seduta.

Pensavo che la mia brava analista non stava tenendo conto della diversità culturale e affettiva del mondo in cui sono cresciuta, dove il rapporto fisico con la propria madre, con tutti i suoi componenti, è gioioso, seppur con una certa dose di aggressività. Mia madre, com'era consuetudine a quei tempi a Damasco, mi ha allattato finché è nato mio fratello, cioè fino a due anni (era una specie di metodo anticoncezionale), ma appena cercavo di morderle il seno, lei severa mi dava una pacca sulla bocca e io smettevo immediatamente. Riflettevo tra me e me che quando il rapporto fisico con la propria madre è tanto stretto, l'aggressività naturale del figlio è molto più tollerata che in questa società. È proprio questa differenza sociale e culturale a dividerci e a creare frattura tra me e la mia analista. Eravamo separate da due mondi completamente diversi e questo non aiutava il lavoro terapeutico. Mi dispiaceva un po' per lei: la sentivo ingessata nel suo ruolo, "schiava" della sua educazione e dei suoi parametri professionali.

La mia specialità. La delusione momentanea di questa esperienza mi è rimasta nella mente e mi ha stimolato ancora di più a approfondire la cultura e la mentalità degli italiani. Volevo essere loro il più vicina possibile. In terapia ho dato ascolto all'empatia che si creava volta per volta nell'incontro con l'altro, coglievo i disagi ancora prima di formulare le interpretazioni, ritenevo di dover fare io il primo passo di adattamento agli altri in questo paese, se volevo inserirmi nella realtà italiana. Ero da sempre abituata ai cambiamenti e per avvicinarmi agli altri mi sforzavo di capire con l'intuito e con l'intelligenza chi avessi di fronte sia nelle relazioni intime che in quelle professionali. È stata indubbiamente la mia specialità da quella fuga da Damasco nel lontano 1944. Sopravvivere in quel frangente mi ha conferito una sorta di laurea in materia di adattamento e capacità di approdare a mondi e esperienze nuovi.

Il bisogno di mamma. Il movimento del treno mi culla ritmicamente e io continuo a fantasticare: sono sdraiata di nuovo sul lettino, nello studio dell'analista, le mie emozioni sono intense come allora, riaffiora un altro episodio che ha segnato la mia terapia.

Non mi ricordo esattamente il contenuto della seduta, ma spesso parlavo di mia madre e la nostalgia di lei mi travolgeva ogni volta che la rievocavo. La sua assenza materiale, nella mia vita di tutti i giorni nel kibbutz, dove sono cresciuta dopo la fuga dalla Siria, mi ha portato a stabilire per compensazione amicizie con adulti che fungevano nella mia mente da sostituti materni o paterni, cosa che mi ha aiutato a crescere anche in questo paese...

Ero sdraiata e parlavo di mia madre raccontando qualche cosa, mi sentivo struggere di dolore, piansi con singhiozzi. L'analista mi chiese: "Masal, ma come mai hai ancora bisogno della mamma ora che sei diventata mamma a tua volta?" Non aspettandomi una domanda del genere, rimasi stordita e un po' ferita dissi sotto voce: "Non lo so." Lei non ribatté e la questione è rimasta lì senza ulteriore approfondimento, depositata in un angolo della mia memoria, da cui riemerge più avanti per rievocare altre associazioni.

Sono diventata mamma e nonna e tutte le volte che sento i miei figli al telefono dire "Ciao mamma" con un timbro di voce affettuoso mi commuovo e mi stupisco dell'effetto che l'emozione mi procura. È come se sentissi quella parola per la prima volta, e questo mi rende felice e penso a quante volte ho desiderato pronunciare a voce alta la parola "mamma" per il solo gusto di dirla, o sentirla risuonare nelle orecchie con la musicalità che emana.

In momenti di difficoltà, quasi senza accorgermene, mi sono ritrovata a chiedere alla mia mamma il suo aiuto a voce alta (come fanno i bambini quando giocano). A volte nel silenzio della mia solitudine mi esercitavo a pronunciare la parola "mamma" in ebraico, a volte in italiano o perfino in arabo. Dicevo più volte "Mamma, *imma* (ebraico), *immi* (arabo)", come se temessi di dimenticare questo termine, o ancora peggio perdere la memoria di lei che esso incarnava. Avevo paura che la sua immagine sparisse dalla mia mente e che non sarei stata più capace di rievocarla. La sola idea bastava a terrorizzarmi.

Una vecchia. Tempo fa ero seduta nel giardino del condominio di mia figlia. La giornata estiva era piacevole e l'aria risuonava di voci infantili. Guardavo mio nipote giocare a calcio con gli altri bambini. Dopo qualche minuto si è fermata davanti a me un'anziana signora che abita nel palazzo: io l'ho salutata amichevolmente e lei si è avvicinata ancora di più, il suo viso quasi toccava il mio, sentivo il suo alito, mi fissava negli occhi e ho capito che aspettava un mio cenno per parlare. Mi infastidiva questa confidenza, e mi imbarazzava. Avrei voluto far finta di niente ma era troppo tardi, ho scostato un po' il viso e l'ho salutata di nuovo per giustificare quella presa di distanza.

Evidentemente lei ha interpretato il mio gesto come un segno positivo: "Sa signora, io sono vecchia, ho novantatré anni, ma ancora faccio tutto da sola, ho perso un figlio a cinquant'anni per colpa di una malattia e ho figli e nipoti che vivono per conto loro. Ho fatto l'infermiera durante la guerra e ho visto tanti feriti e tanta morte. I ragazzi feriti che arrivavano dal fronte erano numerosi e molto giovani. Urlavano di dolore, e sa, cara signora, cosa dicevano in quel terribile momento? La prima parola che usciva dalla loro bocca era MAMMA. E anche l'ultima prima di morire. Invocavano sempre lei. Il desiderio e il pensiero di lei torna nella vita fino alla morte."

Sono rimasta in silenzio, annuendo solo con la testa, la signora in modo del tutto naturale si è avviata verso casa senza indagare cosa pensassi. Aveva solo sentito il bisogno di comunicare a qualcuno questo suo vissuto di sessant'anni prima.

Tutto ciò mi fa tornare in mente le parole della

mia analista riguardo al mio desiderio di "mamma" e mi chiedo allora cosa c'è di strano nel fatto di rievocarla con tanta nostalgia? Non c'è da meravigliarsi che un legame così profondo divenga l'ancora di salvezza alla quale ci aggrappiamo mentalmente, anche quando nella realtà non abbiamo più bisogno di lei o lei non può fare più niente per noi.

L'acquazzone. Il treno sta arrivando a destinazione, sento un'inquietudine che mi opprime il petto. Apro gli occhi e cerco di scacciare dalla mente le ultime immagini. Torno alla realtà e sento di nuovo il rumore delle rotaie, guardo l'orologio e vedo che sono passate quasi quattro ore, mi raddrizzo sul sedile e preparo i bagagli, il capotreno annuncia "Prossima fermata – La Spezia".

All'uscita della stazione mi sta aspettando l'assessore alla cultura con il cartello "Masal". Ci stringiamo la mano e ci incamminiamo verso la macchina.

Appena fuori ci piomba addosso con violenza un temporale estivo, le porte del cielo si sono aperte e scendono fiumi incredibili di acqua. Ci infiliamo in fretta dentro la Fiat Ritmo mentre l'acqua batte con forza sul parabrezza impedendo quasi la visione della strada. Con andatura lenta ci avviamo verso Lerici. Manca qualche ora alla presentazione del mio libro, temo che a causa del maltempo non venga nessuno alla conferenza e la sala possa rimanere vuota. Ma per fortuna ogni tanto un raggio di sole attraversa le nuvole per incoraggiarmi. Nel giro di un'ora il cielo si è schiarito e l'aria si è rinfrescata, dopo la calura del giorno, la pioggia ha spazzato via la foschia e i colori della sera sono nitidi sul mare.

Le lingue. Villa Marigola è situata in un bellissimo parco con vista sulla baia di Lerici e La Spezia. Il pubblico ha incominciato a affluire e a riempire la bella sala con le poltrone rosse: sono sul palco assieme all'assessore alla cultura e alle persone che mi devono presentare. Un critico letterario apre l'incontro, e racconta con voce profonda i punti salienti della mia storia. Terminato il suo discorso d'introduzione, mi guarda e con mio grande stupore, rivolto alla platea degli astanti, dice che gli scrittori italiani dovrebbero imparare a scrivere da Masal. Cioè da me? Incredibile! Chi l'avrebbe mai immaginato! Io che mi sento così insicura con la lingua italiana...

Mi rivolgo al pubblico e spiego quanto la storia delle lingue ha influenzato il mio percorso emotivo. Ogni volta che ne affrontavo una nuova, la mia mente si metteva in confusione e il mio inconscio infastidito dall'intrusione boicottava i miei sforzi, come se non sopportasse più l'aggiunta di altro materiale. Ero ossessionata dal mio bisogno di capire quello che mi circondava, leggevo ogni scritta che mi capitasse sotto gli occhi, pur senza capirne il significato.

All'inizio in Italia sembrava che le tre lingue, arabo, ebraico e italiano, facessero a gara tra loro per vedere chi avrebbe avuto la meglio sulle altre. Dopo l'arabo che mi sono lasciata alle spalle a Damasco ho dovuto adottare in Israele l'ebraico. Lo sforzo che ho fatto per assimilare la lingua italiana mi ha riportato indietro alle vecchie sovrapposizioni linguistiche, la confusione si verificava nei sogni, spesso sognavo contemporaneamente in arabo, in ebraico e in italiano. Purtroppo l'arabo, che ho abbandonato quando avevo cinque anni, e che era la lingua di mia madre, veniva a galla in forma incomprensibile: certe parole dimenticate si materializzavano vive e reali come quando parlavo quella lingua, ma io registravo solo il suono familiare senza capire il contenuto, e la beffa era che non riuscivo a decifrarle, a interpretarle anche da sveglia e mi perseguitavano ossessivamente per giorni e giorni. E questo mi faceva sentire come se avessi perso un pezzo di me. È scritto nel Talmud, "Un sogno non interpretato è come una lettera non letta".

La confusione delle tre lingue è durata un paio d'anni, poi inavvertitamente l'italiano ha preso il sopravvento. Oggi parlo, penso e sogno in italiano. Immagino che succeda così nella mente, a un certo punto le lingue non usate si indeboliscono, e a volte scompaiono, come è successo a me con l'arabo.

Cattar. Mi ricordo un sogno che mi ha turbato per tanto tempo senza che trovassi un'interpretazione soddisfacente. Nel sogno mia madre scendeva dal cielo piano piano come un angelo, si avvicinava sempre di più e mi diceva in arabo "*Cattar, cattar, cattar*" e lo ripeteva con voce forte marcando le parole come per farmi capire l'importanza del messaggio che mi voleva trasmettere poi si allontanava verso il cielo lentamente e con voce sempre più debole e ossessiva continuava a ripetere "*Cat-*

tar, cattar, cattar, cattar..." finché è sparita del tutto. Mi svegliai in preda a un'angoscia opprimente, anche perché mia madre non mi era mai apparsa in sogno prima. Ho cercato di ricordare il significato di quella parola, ma niente da fare, nelle orecchie risuonava solo viva la sua voce e la tonalità delle parole, purtroppo la mia memoria ha trattenuto soltanto la musicalità arcaica della lingua, come i bambini piccoli percepiscono la lingua madre.

Per giorni e giorni ho continuato a ripetere la parola per trovare un senso al sogno. Le associazioni che mi attraversavano la mente non portavano da nessuna parte, il mistero ha continuato a aleggiare su questo sogno, mia madre se n'è andata per sempre assieme al suo messaggio.

Sono io. La sala è avvolta nel silenzio quando un giovane attore dalla voce calda e avvolgente inizia a leggere alcuni brani del libro.

Il pubblico è rapito dal racconto, è lì assieme a Tune nel bagno turco pieno di vapore soffocante, con la bambina in fuga nella notte buia piena di mostri, con la Masal che fa la soldatessa per difendere il suo paese. L'emozione è percepibile nell'aria quasi la si possa toccare con le mani. Ogni tanto mi viene un groppo alla gola e torno a essere la piccola Tune strappata a forza dalla sua mamma...

L'attore chiude il libro piano piano, in sala nessuno si muove. Tutti i volti sono rivolti verso di me nell'attesa che rompa il silenzio. Allora abbasso lo sguardo per concentrarmi e ritornare in me, mi è difficile abbandonare quelle immagini del mio passato. Dopo qualche minuto prendo il microfono e dico: non posso credere che quella bambina che avete appena sentito raccontare ero proprio io. Eppure, per davvero, questa è la mia storia!

La trappola. Le persone si animano piano piano, come se si risvegliassero da un incantesimo, e cominciano a tempestarmi di domande proprio come la pioggia aveva fatto al mio arrivo: vogliono sapere come ho fatto a superare le paure, se ho rivisto la mia mamma, come era Israele allora, cosa penso dei palestinesi e dell'attuale situazione politica di Israele.

Ero determinata in cuor mio a non cadere nella trappola politica, che regolarmente convoglia l'attenzione del pubblico sul conflitto arabo-israeliano. Per questo avverto subito la platea che non rappresento in quella sede Israele e che vivo in Italia ormai da più di cinquant'anni. Posso soltanto esprimere un parere personale, come una di loro.

A un certo punto, non senza arroganza, si alza una signora molto sicura di sé, dicendo che non sarebbe voluta venire alla conferenza e che comunque non intendeva acquistare il libro perché non è d'accordo con Israele. Attacca con una sorta di comizio interminabile e superficiale che sono costretta a interrompere, spiegando di nuovo che quel libro è la mia autobiografia. E non sono responsabile per quello che è accaduto in Israele. Anche se amo quella terra che ho attraversato in lungo e in largo a piedi, nel kibbutz ho imparato a essere una persona libera, a correre a piedi scalzi, ancorandomi alla mia terra, e ancora di più ho imparato il senso profondo della parola "libertà", e non solo nel senso fisico, ma soprattutto nel pensiero e nel rispetto delle idee altrui.

Il kibbutz. Il significato di base della vita comunitaria nel kibbutz si basa proprio sul principio comune che ogni *haver* (compagno) dà alla collettività quello che può, in senso lavorativo e sociale, e riceve quello di cui ha bisogno. Ognuno è responsabile in qualche misura degli altri membri del kibbutz. In poche parole, lo possiamo definire un socialismo puro.

L'educazione dei bambini rispecchia in modo particolare l'evoluzione libera di questo ambiente, così estraneo a qualsiasi concetto sociale convenzionale. I bambini ai miei tempi vivevano insieme nelle case fatte apposta per loro, fin dai primi giorni di vita, e perciò erano sempre in compagnia. Questa idea educativa nei pionieri è nata per evitare ai fanciulli eventuali influenze nevrotiche che normalmente passano nello stretto rapporto in famiglia. Ai genitori rimaneva il tempo da trascorrere assieme ai figli con piacere dopo il lavoro, giocando, passeggiando, senza altre preoccupazioni. Il bambino doveva rappresentare il senso del futuro del kibbutz e rispecchiare l'ideale fondamentale della nuova vita comunitaria. Le competizioni erano ridotte al minimo, niente prove schiaccianti a scuola, niente esami fino alla scuola superiore e soprattutto vita all'aria aperta senza stress e a misura di bambini e di adolescenti. Questo non deve essere interpretato come mancanza di impegno scolastico e poi lavorativo, al contrario il risultato è stato molto buono.

Oggi il kibbutz è cambiato come è cambiato tutto il mondo.

In questo momento, concludo, mi preme di affermare davanti a voi senza confusione le mie idee non belliche. Io sono con tutto il cuore per la pace, e avrei fatto qualsiasi cosa per portare un po' di pace in quella terra così martoriata. Il concetto profondo dell'ebraismo è l'attaccamento alla vita e non alla morte. È scritto nel Talmud, "*Chi salva una vita salva il mondo intero*".

Applausi.

Il bambino nascosto. Il pubblico si anima di nuovo, le persone parlano fra loro. Il moderatore richiama ripetutamente all'ordine. Continuano a farmi domande sulla pace. Qualcuno urla: "Signora, perché non si propone come delegato per le trattative della pace?"

Io sarei andata volentieri, ma nessuno prende in considerazione la piccola Masal che vedete davanti a voi.

Altri applausi.

Rifletto in silenzio: come è buffa la vita, proprio questo pubblico semplice vorrebbe affidarmi un compito così importante. Si fidano più della piccola Masal che non ha alcun potere nel mondo che dei rappresentanti ufficiali che il potere lo detengono.

La gente, penso, avverte la mia forza, non prevaricatrice, ma sincera e onesta come l'anima dei bambini. Ho mantenuto dentro di me lo spirito infantile (che non ha nulla a che vedere con i comportamenti infantili degli adulti): è per questo che comprendo i fanciulli, e il bambino nascosto che abita in ogni persona grande, che inconsciamente contribuisce alla sua felicità o infelicità anche nella vita adulta.

Sento ora il bisogno di concludere l'incontro, metto da parte le mie riflessioni. Mi ricompongo e parlo al microfono. Desidero lasciarvi in regalo un detto molto bello scritto nel Talmud, "Dio concede la saggezza a coloro il cui cuore è già saggio". E i bambini sono davvero saggi quando li si fa crescere nel rispetto e nell'amore. Non dimenticatelo, perché è proprio quello di cui hanno bisogno i vostri figli.

Lerici. La serata si conclude con una cena a base di pesce in compagnia di due amici, dopo la quale mi congedo e vago da sola per le vie di Lerici illuminate dalle luci della sera e dei tanti negozi pieni di mercanzie colorate. Mi attira un vestito lungo di color lilla, entro e lo compro. Penso che mi può stare bene. Continuo a camminare nei vicoli alla ricerca di qualche ricordo del passato. Imbocco una strada in salita e riconosco la casa di Silvana Ottieri, dove ho passato le vacanze molti anni fa con mia figlia Yael. Mi si stringe il cuore per la nostalgia di quei tempi andati, quando avevo la piccola Yael da accudire e portare a spasso...

Seguo il vicolo fino in fondo e scorgo la villa di Bompiani; mi domando a chi appartenga oggi. Quanti anni sono passati da allora? Faccio il conto a mente, ahimè, ne sono passati oltre quaranta da quando sono arrivata in Italia e io mi sento in un certo senso straniera, un miscuglio di appartenenza e estraneità. Mi chiedo se un giorno mi sentirò completamente a casa qui o se il mio destino di figlia adottiva, da quando sono stata accolta come profuga nel kibbutz nel 1944, mi perseguiterà per sempre dandomi la costante sensazione di essere fuori posto ovunque io vada al di fuori della terra di Israele. Forse questa sensazione si manifesta quando la solitudine si fa largo dentro di me e mi fa percepire il mondo intorno distante, estraneo, come fossi una spettatrice...

Una sosia. Mi allontano dal trambusto dei ristoranti e continuo a camminare quasi al buio vicino al mare, una brezza leggera soffia sul mio viso e mi porta alla mente le vacanze in montagna dell'anno precedente, quando ero ospite da un'amica. Un giorno mi è capitato un strano episodio che ha lasciato un segno dentro di me benché io non volessi.

Quella notte estiva di agosto si è scatenata una tempesta violenta in montagna e la mattina seguente il lago infossato nella conca tra di essi che rifletteva e raddoppiava lo scenario della natura circostante come uno specchio. Il cielo era limpido come non mai e il sole privo di filtri era accecante: gli alberi, le case, il lago sembravano lavati alla perfezione, come i panni di mia madre che si asciugavano al sole nel giorno del bucato, emanando un senso di pulito profumato e luminoso, che assorbivano i raggi benefici del sole.

Mi sono alzata presto per fare la mia passeggiata intorno al lago. L'aria del mattino era fresca e frizzante, il mio viso, mentre camminavo, si arrossava leggermente. La stradina era quasi deserta, incrociavo pochi passanti. A un certo punto ho visto in lontananza, sul sentiero, una sagoma di donna che si formava all'orizzonte e mi veniva incontro, sembrava una vecchia, e man mano che si avvicinava con passo tremante si confondeva nella mia mente con la figura di mia madre. Era di statura media, con capelli radi tirati indietro in uno chignon, la bocca sdentata infossata e priva di labbra, il viso rugoso invecchiato dal troppo sole. Ai piedi aveva le pantofole di feltro, era vestita da contadina e sopra gli abiti indossava un impermeabile più grande di lei che la proteggeva dalla brezza mattutina. Ero sconvolta dalla somiglianza che aveva da lontano con mia madre, il mio cuore ha cominciato a battere più forte e ho affrettato il passo. Nell'incrociarla l'ho salutata senza fermarmi, come si usa fare in montagna. Ho continuato il giro del lago in preda a queste emozioni, e inquieta aspettavo il giorno, non vedevo l'ora che passasse la notte per ripetere quella stradina che serpeggia lungo il lago: in cuor mio speravo di incontrarla di nuovo, anche se non aveva alcun senso.

L'ho vista ancora, e poi ancora il giorno successivo. La figura di questa donna continuava a perseguitarmi.

Il terzo giorno l'ho vista venirmi incontro con l'intento di parlarmi: la sua silhouette in lontananza si fondeva con la natura immobile come un quadro: i monti, il lago, congelati nella perfezione di una cartolina illustrata. La sua visione mi riportava ossessivamente a mia madre, anche lei minuta e sottile, il viso rugoso segnato dalla fatica e dagli anni. Ho rallentato il passo sperando di parlarle.

La donna si è fermata davanti a me e mi ha chiesto quale fosse il mio percorso. Le ho risposto: "Vado fino a Santa Maria" e allora lei si è girata per proseguire con me. Le ho detto che faceva molto bene a passeggiare e lei mi ha risposto: "Mi stufo a camminare da sola" e così abbiamo camminato una vicina all'altra. Le ho domandato se fosse sola e mi ha detto che aveva un marito che non sopportava perché non usciva mai di casa. Ci siamo inoltrate lungo il sentiero insieme a passi lenti e lei mi ha chiesto se fossi sola anch'io, le ho risposto che ero in compagnia: improvvisamente ho sentito un moto di tenerezza nei confronti di questa sconosciuta. Le ho chiesto quanti anni avesse e lei mi ha risposto: "Settantacinque e tu?" Le ho detto sessantacinque. Evidentemente era un po' sorda perché ha commentato: "Hai un anno meno di me, siamo quasi uguali!" (dentro di me pensavo ne avesse ottanta). Ho alzato la voce e ho ripetuto: "Ho sessantacinque anni, non settantacinque", ma lei non aveva badato a quanto le avevo detto e continuava a lamentarsi dicendo che si annoiava; prima lavorava nei campi, ma ora la vita non le offriva più niente tranne la noia. Mi sono congedata promettendole che ci saremmo incontrate di nuovo l'indomani.

Solitudine. Al mio ritorno a casa pensavo al problema della solitudine che attanaglia come una morsa corrosiva la vita di giovani e vecchi: nell'incontro di oggi la solitudine della contadina era piuttosto carica di rabbia e priva di saggezza. Tentavo di immaginare cosa potesse aver provato questa signora dopo il nostro incontro. Un piccolo sollievo per pochi passi fatti insieme fianco a fianco? O nulla di tutto ciò? A differenza di lei mia madre era saggia. L'immagine della "sosia" di mia madre che si materializzava inaspettatamente sembrava apparire dall'oltretomba: ero turbata e sconvolta per qualche giorno.

Mia madre nella realtà era assente da un'infinità di anni nella mia vita e mi mancava da morire ogni giorno, sia quando era in vita e vivevamo separate, sia adesso che non c'era più. Così mi sono aggrappata come una stupida alla vaga somiglianza di quella vecchietta per scaldarmi l'anima.

Mentre camminavo ho continuato a vagare con la mente e a produrre ricordi, immagini, sensazioni, malinconie che si disperdevano nella natura circostante. Sono stata presa dall'angoscia fino a pensare che forse la mia mamma non è mai esistita. Un brutto pensiero cancellato immediatamente.

Ho passato la notte agitata: un acquazzone serale aveva lavato di nuovo gli alberi, il lago, le montagne, il cielo, e tutto il mondo intorno era più pulito e più ridente del solito, il che mi mise una certa allegria.

Mi sono avviata per la mia passeggiata mattutina: speravo di incontrare la mia vecchietta ma non l'ho vista e involontariamente sono stata invasa da un'ansia indefinibile, ho cominciato a fantasticare su di lei. Ho pensato che forse si era ammalata o addirittura era morta nella notte e continuavo a camminare spedita avvolta nelle mie fantasie. Con mia sorpresa l'ho vista da lontano in compagnia di una signora, mi sono avvicinata, l'ho salutata affettuosamente, ma lei non mi ha riconosciuta.

Ci sono rimasta un po' male e ho pensato che

una vecchietta senza memoria non aveva bisogno di me. Nel vuoto dei suoi occhi, che ho notato solo in quell'istante, ho capito all'improvviso che anche io non avevo bisogno di lei per rievocare l'immagine di mia madre.

La foto di mia madre è sempre davanti a me, sul tavolo dello studio, mi guarda dritta negli occhi, come per dire: "*Ya binti* (figlia mia), sono sempre con te, vai avanti, non ti preoccupare."

La campana del kibbutz
Foligno

Ho imparato a rispettare la debolezza e ad amarla: la debolezza è la nostra essenza e la nostra umanità.
L'uomo che conosce la propria debolezza sa a volte superarla.

Aharon Appelfeld

Io e i ragazzi. Arrivo con il treno alla stazione di Foligno in una mattina d'inverno. Mi aspetta una donna con un cartello con scritto "Masal", come al solito. Si dirige verso di me sicura che sia la persona giusta, come se mi conoscesse già. Ci salutiamo e saliamo in macchina dirette verso il liceo. Strada facendo mi spiega che per l'occasione avevano riunito varie classi per "l'incontro con l'autore".

L'aula che ci ospita è capiente, ma scialba, manca il tocco estetico del bello e dell'accogliente. L'idea di far vivere gli alunni in una scuola bella oltre che funzionale non fa parte della visione educativa comune. Mi domando perché i ragazzi devono stare in aule spoglie, prive di quadri o altri addobbi che rendano piacevole la permanenza dentro quelle classi. Per le nostre abitazioni abbiamo molta cura e facciamo di tutto affinché siano accoglienti e pulite. Ma nella scuola dove i nostri figli trascorrono gran parte del loro tempo non ci si adopera nello stesso modo. Forse i grandi ritengono che i ragazzi non siano altrettanto sensibili al bello, o allo spazio ordinato e piacevole? Non desidero criticare nessuno ma sono consapevole dell'effetto che l'ambiente ha su di me e penso che sia ugualmente importante per i bambini e i ragazzi. Far attenzione a questi aspetti educativi, seppure non primari, credo sia importante come imparare a leggere e a scrivere, in quanto influisce in profondità sul benessere emotivo e il rispetto per l'ambiente.

Il rispetto. Il vocio dei ragazzi che riempiono la sala interrompe il flusso dei miei pensieri: ora non c'è tempo per queste riflessioni.

Rivolgo il mio sguardo verso gli studenti che entrano in gruppi, vestiti all'ultima moda con zaini, cellulari, capelli arruffati con cura, maschi e femmine mescolati tra loro, pronti per "l'incontro con l'autore". Sanno già molte notizie sulla mia vita e mi lanciano occhiate furtive per vedere se corrispondo a quanto avevano immaginato.

Quando tutti sono seduti e chiacchierano tra loro, entra il preside, mi presenta e raccomanda ai ragazzi di comportarsi educatamente, specificando di spegnere i cellulari, non mangiare e non parlare. Dopo di che se ne va.

Scruto la platea gremita di ragazzi, alzo la voce per zittirli e chiarisco subito che non mi importa che siano educati o che si comportino bene soltanto per obbedire al preside. Se disturbate, vorrà dire che io non sono stata all'altezza del mio compito, e questa idea sinceramente non mi piace affatto, perciò vi assicuro che farò di tutto per non annoiarvi. Un grosso applauso riempie l'aula alle mie parole...

A piedi scalzi. Do per scontato che abbiate letto e lavorato sul mio libro e perciò lascerei da parte le cose già conosciute. Vi racconto come vivevo alla vostra età nel kibbutz.

Il titolo *A piedi scalzi nel kibbutz* ha per me una valenza profonda di libertà sia fisica che spirituale, questo è quello che con fatica ho acquisito nel kibbutz. L'atto di togliere le scarpe e rimanere scalzi deve essere visto come il gesto cosciente e non casuale della conquista della propria libertà.

Nel kibbutz, quando ero piccola, ho sofferto molto per l'assenza dei miei genitori, mi sentivo diversa dagli altri bambini che godevano della sicurezza affettiva dei loro cari, fino all'adolescenza ho avuto molti complessi per la mia provenienza "araba-orientale" anche se ho cercato in tutti i modi di non darlo a vedere. Per fortuna riuscivo a emergere specie in ambito culturale e organizzativo, e questo mi rafforzò intimamente.

Sai l'arabo? Un giorno un episodio importante ha modificato la percezione di inadeguatezza che avevo di me stessa e che tra l'altro ero convinta fosse condivisa dai membri del kibbutz.

Lì ero la sola persona che parlava l'arabo, e il senso di inferiorità derivava proprio da questo. Una mattina calda d'estate, la campana del kibbutz prese a battere ininterrottamente: i rintocchi veloci dell'allarme SOS – din, don, din, don, din, don – rimbombavano nel silenzio soffocante dell'estate. Il segnale forte di pericolo imminente venne riconosciuto da tutti gli *haverim* (compagni) del kibbutz, ma anche da noi bambini abituati all'emergenza...

La campana continuava a suonare senza tregua, l'ansia montava: il richiamo così insistente riguardava gli attacchi di guerra o in quel periodo dell'anno gli incendi che divampavano a volte nei campi di grano per il sole bruciante. In quel caso i membri del kibbutz correvano con secchielli e vanghe a domare le fiamme. Ma l'incendio non c'era, e nemmeno la guerra... allora cos'era successo?

La domanda passava di bocca in bocca come un fiume in piena nei vialetti del kibbutz, si era sparsa la voce che fosse accaduto un incidente grave, e il mormorio come un soffio di vento filtrava nelle fessure delle case. Finché era giunto anche da noi in classe, si udiva dire: "C'è stato un incendio nel posto di lavoro, dove gli operai stavano asfaltando la strada. Un uomo ha preso fuoco ed è molto grave..."

Il nostro maestro all'eco delle voci aveva interrotto momentaneamente la lezione, ma poi, pensando che i bambini potevano essere esclusi dall'evento, aveva continuato a parlare. All'improvviso però la porta si aprì e un *haver* di nome Davide, rosso in viso e madido di sudore, con il fiato corto di chi ha corso con il cuore in gola, si era fermato sulla soglia, aveva osservato rapidamente la classe e puntato lo sguardo su di me. Mi guardò intensamente e con un cenno della mano mi chiamò a sé, io mi alzai e gli andai incontro: "Masal, sai l'arabo?" Titubante, risposi a mezza voce: "Un po'." E lui: "Allora vieni con me in infermeria, è urgente, c'è un operaio arabo che è gravemente ferito, non si riesce a comunicare con lui perché non sa una parola di ebraico."

La diversità. Prima di uscire dall'aula mi sono voltata per vedere l'effetto che questo faceva sui miei compagni. I miei amici un po' sorpresi mi accompagnavano con sguardo ammirato, almeno così pensavo, e questo mi riempiva di gioia.

Lasciai la classe di corsa con Davide. Percorremmo il sentiero verso l'infermeria senza fermarci. A quell'ora del giorno il sole era a picco sopra le nostre teste e bruciava sotto i miei piedi. Cercavo di tenere il passo di Davide, restando al suo fianco, e è stato allora che mi sono sentita grande, importante: in un attimo si è ribaltata la mia situazione, le mie insicurezze e i miei complessi sono spariti, come per incanto, anche se in genere ero una bambina piuttosto introversa. La mia provenienza "araba" strideva con il contesto sociale degli altri membri del kibbutz ai quali cercavo di assomigliare. Gli *haverim* del mio kibbutz venivano dalla Germania e dall'Europa dell'Est, erano soprattutto polacchi sopravvissuti ai campi di sterminio nazisti, con il numero verde tatuato sul braccio.

A quell'epoca gli ebrei europei in Israele erano considerati "l'intellighenzia ebraica" rispetto a quelli provenienti dai paesi orientali. Una realtà piuttosto brutta da ammettere e da vivere. Io appartenevo a quella gente "araba", con mio grande dispiacere; quante volte avevo desiderato essere una di loro, ma era innegabile che non lo fossi. Quando mi capitava di dover parlare in arabo in mezzo agli estranei, mi vergognavo, pensavo si trattasse di una lingua inferiore rispetto all'ebraico o al tedesco.

D'altro canto, i miei sforzi di adattamento alla nuova "casa-kibbutz" mi costringevano a accantonare quel che c'entrava col mio passato. Credevo che quell'altra parte della mia vita riguardasse solo me e la custodivo gelosamente nella mia mente perché non sparisse o morisse.

Soddisfazioni. Mentre mi avvicinavo all'infermeria pensavo che quel giorno fosse tutto mio, e cogliendo l'occasione avrei potuto far valere le mie capacità, ero indispensabile agli adulti, proprio per la lingua, proprio per le mie origini. Immaginate come potevo sentirmi: i grandi come sempre sapevano tutto, ma l'arabo no. Che soddisfazione! Una bambina di dieci anni magrolina, in maglietta e pantaloncini corti, ben pettinata con la molletta che teneva i capelli lontano dagli occhi, che correva scalza a soccorrere una persona grande in pericolo... Mi ripetevo in silenzio: "Hanno bisogno di me che parlo in arabo, che traduco a quel poveraccio quello che gli stanno facendo nella sua lingua, che è anche la mia." Infatti avrei dovuto ripetere al ferito in arabo quello che gli stavano dicendo e tradurre dall'arabo all'ebraico quello che diceva lui.

Le immagini mi passavano velocemente davanti gli occhi e un senso di allegria mi pervadeva corpo e mente.

La mia vanità svanì del tutto alla vista di quell'uomo. Il poveretto era sdraiato sul lettino con la faccia sfigurata e il corpo coperto da un lenzuolo.

Ibrahim. Ibrahim urlava per il dolore lancinante. Mi avvicinai al suo viso e gli dissi spontaneamente di stare tranquillo, che adesso lo avrebbero curato. L'infermiera Pnina mi pregò di spiegargli cosa gli si stava facendo e quali medicazioni venivano applicate, e che fra poco non avrebbe sentito più dolore.

L'odore della pelle bruciata mi faceva venire la nausea ma la cacciai via, un moto di tenerezza mi spinse verso quello sconosciuto dolorante e disperato. Ibrahim voleva sua moglie e continuava a chiamarla: "Masuda, Masuda." Io lo rassicurai che l'avrebbero mandata a prendere con una macchina al suo villaggio e l'avrebbero portata da lui.

Continuai a tradurre le parole dell'infermiera. Una volta terminate le medicazioni su tutto il corpo, le bende che coprivano il volto lasciavano solo due fessure per gli occhi, così il mio protetto sembrava una mummia egiziana, ma il suo dolore per il momento era attenuato.

Sono rimasta accanto al letto a aspettare che arrivasse la moglie. Il tempo dentro la piccola stanzetta si era fermato in un silenzio oppressivo appeso tra la vita e la morte.

La moglie. A un certo punto Pnina mi chiamò fuori e mi disse che la donna era arrivata. Prima di farla entrare nella stanza avrei dovuto prepararla alla visione terrificante del marito.

Lasciai Ibrahim da solo e uscii per accogliere la moglie. Vidi davanti a me una donna sulla quarantina vestita alla maniera araba – lungo abito nero che copriva bene il corpo robusto e sformato dalle gravidanze. Il foulard fasciava la testa, lasciando spuntare una parte dei capelli tinti di henné, color carota. Le mani forti con le unghie gialle dipinte sempre con l'henné, simboleggiavano la bellezza femminile e la fertilità. Aveva sei figli da crescere, e ora con il marito in quelle condizioni era smarrita e preoccupata per lui e per il loro futuro.

Dopo averla squadrata da capo a piedi, ho trovato il coraggio e lo spirito giusto per spiegarle in arabo quello che era successo a suo marito. La rassicurai che ora, grazie ai primi soccorsi, stava meglio, e che lei doveva avere coraggio per affrontarlo e tranquillizzarlo, doveva infondergli fiducia e sussurrargli da vicino che sarebbe guarito e sarebbe tornato a casa presto.

La donna si abbandonò per un momento a un pianto disperato. Ho pianto anch'io con lei. Le chiesi di asciugarsi il viso prima di entrare e la accompagnai vicino a suo marito. Per qualche istante la sua presenza mi divenne familiare.

Un ricordo. Li lasciai soli. Uscii volentieri dall'infermeria e mi misi seduta sulla panchina in giardino. Il senso di nausea che avevo provato sin dall'inizio non mi aveva abbandonato. La mia mente mi riportava alle vacanze di Pasqua che avevo trascorso a Tel Aviv pochi mesi prima.

Quel giorno avevo dovuto portare mia madre al pronto soccorso per una brutta infezione all'unghia del pollice, che dopo una settimana non era migliorata nonostante tutti i suoi tentativi con bagni caldi e sapone per ammorbidire la pelle e far fuoriuscire il pus. Ma il dito, diceva, continuava a "battere". L'avevo accompagnata al pronto soccorso perché, nonostante vivesse già da anni in Israele, l'ebraico non le entrava proprio in testa. In quella occasione come in altre circostanze analoghe, andavo con lei per aiutarla a comprendere ciò che le chiedevano nei vari uffici, o spiegare quello di cui aveva bisogno presso gli enti assistenziali. Fungevo da traduttrice e mediatrice tra i due mondi, e in quei momenti nonostante la mia tenera età mi sentivo molto grande e importante.

Al pronto soccorso, oltre che sostenere mia madre, perché stava male, le traducevo in arabo quello che diceva il dottore in ebraico. Mentre la medicavano e facevano uscire il pus dal dito, un dolore lancinante attraversava il suo corpo facendo apparire sul suo bel viso una smorfia terrificante e muta. Alla visione del suo dolore mi prese una nausea tremenda e svenni di colpo. Mi ero ritrovata distesa sul lettino, e quando mi hanno rianimato e ho riaperto gli occhi, la nausea e i conati continuavano a opprimermi. Non sopportavo l'idea di vedere mia madre soffrire, qualsiasi fosse il motivo del suo dolore, la sua fragilità mi travolgeva, e sentii un'infinita tenerezza per lei nel corpo e nell'anima. Gli attimi più angoscianti erano quando in silenzio tratteneva il fiato per il dolore.

Era molto raro vedere sul suo bel viso segni di sofferenza, lei non si lamentava mai nemmeno nei momenti molto difficili. Penso che la vita travagliata che ha vissuto le abbia insegnato a alzare la propria soglia del dolore...

Sonno profondo. Ero tornata al presente e mi alzai dalla panchina per rientrare nell'infermeria e chiedere se avessero ancora bisogno di me, salutai la moglie di Ibrahim, come fosse stata una parente acquisita di recente e mi congedai dai presenti. Il mio compito era esaurito e me ne andai.

Dovevo tornare dai miei amici e "riprendere" il mio ruolo di bambina tra gli altri... ma il passaggio rapido da una situazione all'altra non era facile, le immagini del malato, le ferite, il dolore, la paura e la disperazione della moglie mi affollavano la mente senza tregua. Ero ancora impregnata del dolore altrui, mi sentivo stanca, avevo voglia di smaltire l'esperienza per conto mio in silenzio, pensavo comunque che gli altri bambini non potessero capirmi.

La giornata era ancora molto calda, cercai un posto appartato sotto le querce nel parco. Scelsi un albero secolare in fondo al giardino, mi sdraiai sul prato, protetta dalla sua folta chioma, sentivo l'erba fresca sulla schiena appena coperta dalla maglietta leggera che avevo addosso. Piano piano mi acquietai, guardavo le foglie immobili sopra di me, non soffiava un alito di vento, e lentamente scivolai in un profondo sonno ristoratore...

Adolescenza. I ragazzi sono in ascolto e io continuo a raccontare. La nostra vita nel kibbutz era molto intensa, eravamo coinvolti in modo diretto nella vita degli adulti, contribuivamo a svolgere le attività culturali e lavorative. Per noi impegnarci nei vari campi, compresi gli studi, era molto importante, ci dava soddisfazione e ci valorizzava come persone.

Alla vostra età il tempo delle attività era diviso in quattro giorni di studio e due giorni di lavoro di sette ore nei campi e nei servizi. Come probabilmente sapete già, la base del sostentamento del kibbutz era l'agricoltura e l'allevamento degli animali domestici. Ma i contadini del kibbutz a differenza di quelli degli altri paesi del mondo, sono speciali (la maggior parte di loro era sopravvissuta all'olocausto), persone di buon livello culturale, e quando hanno costruito questi villaggi collettivi erano già laureati. Chi sceglieva di vivere in un kibbutz era consapevole di dover accettare le regole della collettività, che venivano discusse in assemblea generale da tutti i membri.

Quello che era importante per noi ragazzi era sì di sentirci uguali agli altri per stare bene nel gruppo, un po' come succede a voi quando seguite la moda e vi muovete tutti insieme, ma questo non era comunque sufficiente per costruirsi un'identità individuale che soddisfacesse il bisogno intimo di ognuno di noi. Distinguersi dagli altri senza perdersi nella massa richiede una ricerca continua e indispensabile per realizzare le proprie capacità.

Il bello della vita collettiva del kibbutz è proprio la diversità tra gli individui, che permette di scambiare emozioni, idee, attività con il resto del gruppo. Penso che solo nella diversità si può costruire una società più ricca di stimoli, di idee, di sentimenti.

Questi atteggiamenti, del tutto spontanei, stimolavano la nostra immaginazione: molto spesso, nella nostra solitudine, ognuno a modo suo cercava di capire chi era, a volte attraverso un diario segreto si rifletteva la nostra immagine in formazione.

Per divertirci nel tempo libero "rubavamo" il trattore per andare nei campi a prendere le angurie, spaccarle per terra e mangiare da selvaggi il loro cuore rosso dolcissimo. Nelle notti estive, dopo i balli del venerdì sera, che esaurivano le nostre forze, stavamo sdraiati sul prato a cercare di capire chi eravamo e cosa desideravamo, in coppie o in piccoli gruppi, sotto il cielo stellato di Israele; i cuori si aprivano e la timidezza spariva, parlavamo delle nostre insicurezze. Poi, nelle lunghe notti di inverno, ci infilavamo nel pollaio a rubare una gallina che mettevamo a cucinare nella nostra stanza su un piccolo fornello a petrolio; naturalmente la gallina impiegava tutta la notte a cuocersi e noi ci perdevamo il sonno. E intanto discutevamo delle nostre aspirazioni per il futuro: spesso il kibbutz diventava stretto per le nostre fantasie. Capitava che, nei piccoli gruppi che formavamo nell'oscurità della notte, fuori da ogni regola, si facesse sentire il desiderio indefinito del corpo da poco formato.

L'amore. A tredici anni ero ancora molto timida, mi innamorai di un mio compagno, ma non avevo il coraggio di dichiararlo, facevo di tutto per stare al suo fianco, immaginavo di essere tra le sue braccia, nascondevo la mia eccitazione e la tenevo segreta e nella solitudine della notte lo evocavo finché non cadevo in un sonno profondo.

A mano a mano che passavano le settimane e i mesi, quasi senza accorgermi mi sono trovata a baciare un ragazzo di qualche anno più grande di me, lui sapeva come toccare una fanciulla inesperta come me, i nostri corpi incollati uno all'altro si trasmettevano un calore sconosciuto, il battito del cuore era a mille, il desiderio sembrava inarrestabile... Mi chiedevo fin dove potevo lasciarmi andare...

Mi fermai: con dolcezza presi le sue mani e le allontanai un po' dal mio corpo, lasciando il desiderio sospeso, incompiuto, rimandato... Una sensazione seducente e gradevole, alquanto sorprendente in quel momento.

Mi sentivo determinata nel rifiutare la sua passione e il suo desiderio dolce e dirompente. Lui non voleva cedere e continuava a afferrarmi fortemente con le mani, il suo viso vicino si trasformava dall'eccitazione. Mi sono trattenuta, avevo bisogno di padroneggiare le mie pulsioni, conoscerle meglio, non volevo essere in balia della passione di questo giovane "affamato", dovevo prima crescere ancora un po' e conoscere me stessa... Il mio corpo palpitante di desiderio poteva attendere, non volevo precipitare nel vortice del sesso, mi dicevo che dovevo aspettare, crescere, finché sarebbe arrivato l'amore. Quello con la A maiuscola.

Via via (continuo a raccontare ai ragazzi davanti a me) acquisivo sempre più sicurezza in me stessa, avvertivo dentro di me quel fuoco inarrestabile dell'amore, che si manifestava non solo con il desiderio sessuale ma anche con l'entusiasmo e lo slancio che mettevo in quello che facevo, correvo a piedi scalzi e mi sembrava di volare, ballavo fino all'esaurimento ogni venerdì sera, mi impegnavo nello studio e nel lavoro, provocavo i maschi più grandi senza accorgermene.

Fino a quando si presentò lui e il mio desiderio si concentrò sulla sua persona, ero più consapevole di me stessa e meno dispersiva.

Andavamo nel bosco lontano dagli occhi curiosi e, sdraiati sull'erba, ci rotolavamo giocosi, ridevamo di gusto, era bello scoprirsi, e scoprire lui, cercavo di immaginare cosa stava dentro quel corpo eccitato, dietro quella mente stregata da me, femmina scatenata e bisognosa di amore, che vuole a tutti i costi esprimere quello che accade dentro di lei, la voglia di donarsi con generosità e senza paura.

Dopo aver fatto l'amore con i corpi distesi e la mente sgombra, ci mettevamo a leggere brani del *Cantico dei Cantici*, trovando eco per i nostri sentimenti.

Mi rendevo conto dell'energia che l'amore mi dava. Avevo voglia di imparare ogni cosa, di fare altre conquiste. Mi sentivo perfino più intelligente... le paure e le insicurezze erano svanite, il sesso e l'amore seguivano la loro natura gioiosa, fertile, creativa. È quello che intendo quando parlo della libertà. Vivere nella libertà di se stessi.

Le vecchie paure e i vecchi tabù legati alla sessualità di questa società spesso privano i ragazzi della forza vitale insita in una mente e in un corpo giovane, capace di gestire l'impegno che ha davanti a se stesso con responsabile amore.

Un giovane mi chiede se non mi vergogno di scrivere le mie faccende più intime: Alla mia età non ci si vergogna più di parlare dell'amore e del sesso.

Essere speciali. Continuo a seguire i miei pensieri e non mi accorgo che il tempo è passato e devo rispondere ancora ai quesiti che i ragazzi hanno preparato.

È interessante notare che i maschi fanno domande di tipo politico e organizzativo su Israele e i kibbutz, mentre le femmine si soffermano sugli aspetti affettivi legati alla mia famiglia e alle angosce che mi affliggevano da piccola.

La fila per gli autografi è nutrita; mi ha colpito un giovane che mi porge il libro, dicendomi: "Non scrivere quello che hai scritto agli altri." E immediatamente mi è tornato alla mente quello che ho scritto sul tema dell'identità e della diversità, lo guardo negli occhi e gli dico: "Hai paura che ti confonda con gli altri, o desideri essere un figlio speciale?" Ci siamo "incontrati" e lui si è messo a ridere. Gli scrivo qualcosa di particolare che richiama alla mente una frase del mio libro: "Ognuno desidera essere speciale per qualcuno." In quella giornata così affollata di giovani e di emozioni, quel ragazzo desiderava che fossi io a distinguerlo dalla massa rendendolo per un attimo unico per me.

Identità ebraica
Campobasso

La storia ebraica è profondamente legata agli altri popoli, legami molteplici e indispensabili, di culture religiose, sociali, economiche, politiche e artistiche.

Elie Wiesel

Nei campi di concentramento non abbiamo visto Dio, ma abbiamo visto dei giusti.
L'antica leggenda ebraica dice che il mondo continua a esistere per merito di pochi giusti, era vera allora come lo è oggi.

Aharon Appelfeld

Angoscia. Il treno sale piano sulla montagna e si ferma nelle stazioni svuotandosi via via dei suoi passeggeri: la sera si avvicina. Rimasta sola nel mio vagone, mi ha preso un lieve senso di angoscia.

La notte avanza minacciosa dai monti che costeggiano la valle, i fiocchi grandi di neve scendono dal cielo scuro e il treno si arrampica faticosamente su per la salita.

Lascio vagare la mente senza meta per scoprire dove mi porti quell'ansia, ho la sensazione di andare verso un posto sperduto e abbandonato da Dio; la neve soffice continua a cadere nel silenzio, il paesaggio piuttosto estraneo aumenta l'inquietudine. "Che cosa ci faccio io qui con questo freddo, tanto lontana dal sole di Israele e dal kibbutz dove correvo libera a piedi scalzi?" penso tra me e me.

Nel rievocare la mia terra ho la sensazione improvvisa di un mantello invisibile che mi avvolge, e avverto il desiderio impellente di libertà fisica. Il mio corpo comincia a farsi sentire e dallo stomaco salgono fitte che spingono insistentemente verso il cuore, tanto che il dolore mi lascia per un attimo paralizzata.

Per non perdermi nelle mie fantasticherie, mi sforzo di allontanare dalla mente quelle sensazioni e faccio un bel respiro per tornare alla realtà.

Provo a concentrarmi sull'incontro che mi aspetta, ma con uno spirito simile è inevitabile che senta solo disagio per la serata, ho paura di non trovare una accoglienza adatta per la mia storia nel pubblico di Campobasso, abituato a vivere in quelle terre fredde arroccate tra i monti... Le mie ansie non diminuiscono.

Mia madre. Il treno continua a salire piegandosi un po' a ogni curva, il senso di estraneità per la natura circostante mi opprime e non mi lascia pace, anzi l'angoscia mi riporta alla mente l'antico incubo vissuto quando scappavo dagli arabi in quella notte del 1944. Mentre attraversavo la vallata che separava la Siria dalla Palestina di allora, ogni forma nel buio mi sembrava un nemico in agguato.

Queste immagini hanno perseguitato per anni

le mie notti, nei miei sogni le macchie scure si ripetevano all'infinito nascondendo gli arabi minacciosi, pronti a uccidermi con pugnali lucidi alla luce argentata della luna.

Poi lo smarrimento nei primi giorni in Palestina, il faticoso ambientamento nel kibbutz, l'estraneità della lingua, il cibo, le abitudini...

Non riesco a allontanare queste immagini angosciose, sento che mi stanno risucchiando in un buco nero e decido che non vale la pena di opporre resistenza alla pressione interna e mi lascio andare...

Chiudo gli occhi e ritorno al passato con meno paura. Appaiono davanti a me i miei fratelli, sorelle, nonni, e tra di loro spicca la figura di mia madre: è proprio di lei che ho bisogno in questo momento. Il disagio che sentivo un attimo prima svanisce come per incanto: avverto una sensazione profonda di calore, torno a essere piccola tra le braccia della mamma, protetta dal suo corpo sicuro, stabile. Non sono più sola nel mondo.

La guaritrice. Da bambina soffrivo spesso di mal di pancia e durante le brevi vacanze che trascorrevo a casa a Tel Aviv, mia madre mi preparava tisane e mi strofinava il ventre con massaggi a base di olio caldo. Badava che non prendessi freddo dopo mangiato coprendomi la pancia, che nella sua mente doveva essere sempre protetta, evitando così di prendere malanni di vario genere. Questa ossessione è entrata a far parte di me, l'ho ripetuta con i miei figli e la trasmetto ora anche a mio nipote, come eredità da non perdere.

Il dolore di pancia, nonostante le cure amorose della mamma, continuava con alti e bassi a tormentarmi tanto che a un certo punto mia madre si arrese, tralasciò i suoi rimedi e decise di portarmi da una guaritrice.

Forse nella sua mente, anche se non me lo disse mai, immaginava che si trattasse di malocchio, che qualcuno mi aveva buttato addosso, e per mandarlo via bisognava ricorrere a altro.

In una bella giornata primaverile mia madre mi svegliò di buon'ora e con fare deciso mi disse: "Ti porterò da qualcuno che ti farà guarire." Dopo aver fatto colazione ci incamminammo verso la nostra meta; mia madre mi prese per mano e mi guidò per un bel po' di tempo attraverso le viuzze strette e maleodoranti del rione vicino al nostro. Erano vecchie case abbandonate degli arabi in fuga nel 1948 dopo la proclamazione dello stato di Israele e la guerra scatenata di conseguenza. Quegli edifici erano stati subito occupati dal flusso di profughi ebrei orientali scappati a loro volta dai paesi arabi.

Camminammo per circa mezz'ora, finché giungemmo davanti a una casa. "Eccoci arrivate!" disse mia madre. Io un po' impaurita strinsi forte la sua mano, mentre lei bussava più volte alla porta. Sembrava una casa disabitata. Dopo qualche minuto di attesa apparve sull'uscio una signora con un lungo abito nero, un fazzoletto sulla testa annodato dietro il collo e una fascia legata alla fronte: sembrava essersi appena alzata dal letto dopo il sonno notturno. Ferme sulla soglia, mia madre scambiò con lei qualche parola in arabo che sfuggì alla mia comprensione e le spiegò quale fosse il motivo della nostra visita. A quel punto la guaritrice con un gesto incurante ci fece entrare.

La stanza era piuttosto buia; notai un tavolo, due sedie di paglia, una *menorah* (candelabro a sette braccia) e tante boccette di vetro scuro, un letto singolo coperto da un tappeto persiano, qualche fotografia incorniciata di un uomo con i baffi. Una porta stretta si apriva su una piccola cucina.

La donna mi osservava con i suoi occhi neri (sentivo una leggera fitta all'addome come se mi penetrasse nelle viscere). Mi invitò a sdraiarmi sul letto in posizione supina: eseguii i suoi ordini come un automa. Si sedette sul letto vicino a me, chiuse gli occhi e mormorò una preghiera incomprensibile, come fosse in trance, mentre mia madre, in piedi, osservava attenta ogni sua mossa. La donna scoprì il mio ventre e, con le mani calde, fece pressione in tondo sul mio pancino: dove sentiva un indurimento, ripeteva il movimento finché riuscì a sciogliere il blocco che si era formato.

Cominciai a rilassarmi, mi disse di stare tranquilla e respirare a fondo, rimasi distesa per un po' senza muovermi mentre lei, rivolta a mia madre, le suggeriva il da farsi quando fossimo tornate a casa. Quello che riuscii a capire era che le consigliava di "bruciare sale sul fuoco tre volte al giorno e di fare un'offerta al tempio".

Dopo mi fece bere una tisana preparata con un insieme di erbe amare: la sua espressione a questo punto era più luminosa e amichevole. Andò in cucina a preparare del tè per mia madre, mentre lei si preparò il narghilè. Il rumore del narghilè scandiva il ritmo nel vuoto che regnava nella stanza. Io accompagnavo i suoi movimenti con lo sguardo, inspirava con piacere il fumo che attraversava l'acqua creano bollicine d'aria che purificavano il fumo. Tratteneva dentro di sé il fumo per qualche secondo e poi lo liberava con soddisfazione nell'aria. Scambiò qualche parola con mia madre, che era intenta a sorseggiare il suo tè: avevo l'impressione che si fossero dimenticate di me che ero ancora immobile sdraiata sul letto. Aspettavo altri ordini da eseguire, ma non ne arrivavano. Solo a un cenno della donna, mi alzai e sistemai i miei vestiti, mi sentivo meglio, più leggera. Prima di congedarsi la mamma tirò fuori qualche spicciolo dal portafoglio e lo consegnò alla donna, la salutò e la ringraziò; io feci solo un cenno di saluto.

Presto potemmo constatare che il mio mal di pancia era sparito.

Al mercato. La mente mi riporta ancora alle vacanze estive a Tel Aviv, a casa con mia madre e i miei fratelli mi rilassavo e mi permettevo di fare la bambina piccola. Era del tutto spontaneo per me cambiare atteggiamento da un giorno all'altro nel contesto familiare: nel kibbutz non potevo fare la bambina che ero, e dovevo sostenermi da sola in tutto e per tutto. Per questo la vacanza era per me una grande occasione per ripristinare l'equilibrio psicologico e godere della mia infanzia.

Mi divertivo a andare con la mamma al mercato. Come ogni venerdì mattina mia madre iniziava all'alba le pulizie e gli altri preparativi per la festa, mi sollecitava a vestirmi in fretta per unirmi a lei nelle faccende di casa. Poi si andava al mercato, che distava circa un chilometro dalla nostra abitazione, per fornirsi di frutta, verdura e carne.

Il tratto di strada tra Shechunat (rione) Ezra e Shechunat Hatikvah, dove era situato il mercato, era faticoso per me, dovevamo andare a piedi, e con il sole cocente di Israele sembrava ancora più lontano.

Era una parola dire che andavamo insieme. In realtà mia madre aveva sempre fretta e camminava veloce, il suo portamento eretto e deciso era senza sbavature, e la riconoscevo anche da un chilometro di distanza per la sua andatura. Quella mattina la rincorsi più che potei, cercando di adeguarmi al suo passo ma rimanevo sempre indietro di qualche metro. Ogni tanto lei girava la testa per vedere a che punto mi trovavo e mi incitava a sbrigarmi, i miei sforzi per raggiungerla erano inutili. Sembrava posseduta da un'attrazione invisibile simile a una forza magnetica che la spingeva in avanti e la trascinava verso la sua meta privandola di qualsiasi volontà.

Una volta arrivate al mercato sudate e stanche, lei si ravviava i capelli, salutava i venditori e con una certa vena di orgoglio indicava me dicendo che ero sua figlia, quella venuta dal kibbutz. Poi svelta si impadroniva della merce. Sceglieva la frutta e la verdura meno costosa e trattava sul prezzo sperando di ottenere uno sconto. Il fruttivendolo che la conosceva le regalava qualche melone in più o un'anguria avanzata che rischiava di marcire se non fosse stata venduta prima di *shabbat*, lei ringraziava con un sorriso. Io mi trascinavo dietro di lei, da una bancarella all'altra, osservavo i suoi gesti e il modo con cui si rivolgeva agli uomini. Penso che al mercato la conoscessero davvero tutti e sapessero della miseria in cui era costretta a vivere per sostenere e mantenere i suoi figli piccoli rimasti in casa. Spesso, il fruttivendolo abbondava con i pesi e le augurava "Buon *shabbat*".

L'agonia. Dopo aver acquistato frutta e verdura, formaggi, alici sotto sale, olive in salamoia, semi di girasole e pistacchi, ci dirigevamo cariche di sacchi verso un angolo del mercato dove erano stipate, una sopra l'altra, gabbie di galline da cui uscivano strani versi ansiosi e impauriti, un chiasso infernale di coccodè che segnava il loro destino prima della morte. Lo *shohet* (macellaio) chiedeva a mia madre cosa desiderasse e le indicava i vari prezzi degli animali. Con fare esperto, mia madre puntava il dito su una gallina e diceva: "Questa!"

Ma le galline a forza di spingersi dentro lo stretto spazio delle gabbie si urtavano tra loro e una, malcapitata, aveva infilato la testa tra le sbarre della gabbia. Questo per mia madre era il segnale divino che quell'animale era destinato a noi e così rinunciava alla sua scelta precedente e indicava con il dito allo *shohet* la nuova prescelta.

Con una mano abile lo *shohet* prendeva la gallina incastrata tra le sbarre, scatenando ancora di più l'agitazione e lo stranazzare assordante delle altre, che penso sentissero di dover subire la stessa sorte. A questo punto, il macellaio piegava il collo della gallina, le strappava le piume sotto la gola e poi prendeva il coltello affilato e lo stringeva fra i denti prima di agire, per accertarsi che la gallina fosse ben salda tra le sue mani (come richiede la prescrizione religiosa, bisogna fare un taglio deciso per evitare sofferenze inutili all'animale). Al momento opportuno lo *shohet* pronunciava la *berakhà* (benedizione), piegava il collo dell'animale e con un taglio secco e preciso lo incideva, buttando poi a terra la gallina per farla dissanguare. L'animale morente saltava per terra ancora per qualche minuto finché smetteva di muoversi.

Stravinskij. Mi ritornò alla mente un balletto visto nel mio kibbutz tempo prima, *L'uccello di fuoco* di Stravinskij. Sul palcoscenico montato all'aperto per l'occasione, si esibiva la ballerina sullo sfondo della notte, sotto il cielo stellato, creando la magia inaspettata dello spettacolo che illuminava la nostra vita.

I riflettori seguivano i movimenti della ballerina, la musica usciva dal vecchio giradischi avvolgendoli come fosse un corpo solo, la fiaba scivolava drammatica e contemporaneamente leggera davanti ai nostri occhi, e lo spirito si elevava sempre più in alto, fino a toccare i nostri sentimenti profondi, inarrivabili nella realtà quotidiana.

Assistevo allo spettacolo seduta in prima fila con i miei compagni, rapita, ipnotizzata da quello che il corpo di una sola donna poteva esprimere. La musica era sublime e il movimento della danzatrice impersonava alla perfezione l'uccello di fuoco, raccontava la sua vita, da quando era giovane e vitale fino a che con la vecchiaia si avvicinava alla morte. Il brano musicale diventava sempre più tragico e nell'ultimo atto "l'uccello" sbatteva nell'agonia più volte le ali su e giù, su e giù lottando disperatamente con l'angelo della morte. La morte spietata avvolgeva piano piano il corpo e le ali in movimento, l'animale rotolava su se stesso fino all'ultimo respiro, poi cadeva a terra privo di vita.

La ballerina-uccello si accasciava su se stessa, come la gallina per terra davanti a me in quel momento.

Certezza. Mia madre assisteva alla scena tranquilla e paziente, mentre io accusavo un giramento di testa e sentivo il mio stomaco capovolgersi. Voltavo la testa per non guardare, ma la curiosità mi spingeva a girarla di tanto in tanto, come se desiderassi inconsciamente accompagnare l'animale fino alla sua fine.

Dopo un po' la gallina smise di muoversi priva di vita e depurata del suo sangue diveniva finalmente *kasher* (pura) pronta per essere cucinata e mangiata come prescriveva la legge.

Mia madre pagò lo *shohet*, prese la gallina e gli altri pacchi pieni di mercanzie e mi invitò a rimetterci sulla via di casa: portai anche io qualche sacchetto e, con la stessa rapidità dell'andata, ci avviammo, lei avanti e io qualche passo indietro. Il pomeriggio avanzava e il sole scendeva lentamente all'orizzonte per terminare la settimana e festeggiare lo *shabbat* come prescritto dalle scritture.

La sera, mentre mia madre serviva le buone pietanze, mi tornò alla mente l'immagine del "ballo della morte" della gallina e non riuscii a mangiare.

Rimasi colpita dall'indifferenza di mia madre, sia nei miei confronti sia riguardo alla visione dell'animale morente. Per lei l'esecuzione dello *shohet*, fatta nel pieno rispetto delle regole religiose, metteva ogni cosa al suo posto, perciò nessun dubbio tormentava la sua coscienza.

Andrà come andrà. Mi sveglio di soprassalto, confusa, chiedendomi dove sono, come se avessi fatto un sogno. Sento invece lo sferragliare regolare del treno in salita. Mi scrollo di dosso le ultime immagini della piccola Tune-Masal e la sagoma di mia madre e torno alla realtà. Ora, dopo tanti anni che mia madre non c'è più, mi sforzo di catturare attraverso l'immaginazione ogni sua sembianza corporea e intima per assomigliarle e diventare sicura sulle mie gambe anche in terra lontana.

Per affrontare stasera il compito che mi aspetta, sono di nuovo Masal la donna, quella che contiene i disagi degli altri come faceva mia madre con me nel lontano passato.

Quando arrivo alla piccola stazione, nevica ancora molto forte, siamo in pochi a scendere a quell'ora dal treno. Sono ansiosa di incontrarmi con la presidente dell'associazione che conduce gli incontri culturali nella città. Si presenta con un ragazzo giovane, e appena mi ha riconosciuta, mi viene incontro e mi abbraccia calorosamente, facendo sparire in un attimo tutto il mio disagio del lungo viaggio; senza esitazione mi affido alle loro cure con sollievo.

La neve continua a cadere e l'ansia per l'esito della serata aumenta, ma dentro di me cerco di tranquillizzarmi dicendo: "Andrà come andrà. Ci sarà sicuramente qualcosa di positivo, anche se saranno in pochi a partecipare. Solo il fatto che sono qui con queste persone a condividere l'evento è di per sé una buona cosa."

Per ogni incontro mi preparo emotivamente (come è avvenuto in treno) e dopo una rapida analisi della realtà che devo affrontare, accetto i miei limiti personali nella nuova situazione. Decido coscientemente di lasciarmi andare, e preparo dentro di me lo spazio per l'imprevisto, sono convinta che solo così posso essere vicina alla gente e cogliere al momento opportuno i messaggi che mi arrivano, per rendere lo scambio fertile per tutti.

Con le parole "andrà come andrà" allontano l'ansia corrosiva e la paura del possibile insuccesso, e mi incoraggio da sola.

Malgrado il maltempo, la sala grande si riempie, grazie all'iniziativa culturale del laboratorio "Ti racconto un libro", molto sentita in questa piccola città.

Difficoltà. La serata si apre con una piccola introduzione da parte degli organizzatori, poi una diciassettenne dalla voce esile dà inizio alla lettura di alcuni brani del mio libro. La storia cattura la mente del pubblico e, come per incanto, il calore si diffonde e io mi trovo di nuovo a vivere la mia esperienza come se non fosse mia: l'emozione mi serra la gola e le lacrime bagnano le mie guance.

Qualcuno mi domanda come avevo fatto a cinque anni e mezzo a sopportare tale abbandono. Rispondo che non lo so. Avrei potuto chiudermi in me stessa per il dolore e non comunicare più con nessuno, e il rischio era davvero molto elevato. Altri bambini al posto mio sarebbero diventati psicologicamente fragili.

Io penso che nella vita influisce molto con che spirito si affrontano le difficoltà che si incontrano, la domanda da farsi è: "Perché uno ce la fa a affrontare i periodi drammatici e superarli e l'altro no?" Nel mio caso, credo, hanno contribuito alla mia riuscita i rapporti affettivi solidi che avevo instaurato con la mia famiglia nei primi cinque anni di vita, una specie di salvadanaio affettivo dal quale poter attingere nel momento di bisogno, e forse c'entra in qualche modo anche il tipo di intelligenza che possedevo. Direi un'intelligenza emotiva che trae forza sia dalle emozioni sia dalla realtà che ha di fronte.

Ai quei tempi naturalmente non ero consapevole di quello che mi stava accadendo. Sicuramente ci sono stati altri fattori, incontri e combinazioni psicologiche più o meno inconsce che hanno determinato il mio sviluppo. E questo succede alle persone che devono fronteggiare traumi forti o gravi incidenti.

Cicatrici. Ma come potete vedere eccomi qua, il miracolo è avvenuto, e ora sono con voi a raccontarmi come un'altra me lontana e vicina allo stesso tempo.

Per un motivo indefinito simile al disagio iniziale, sento la necessità di spiegare al pubblico che le esperienze traumatiche nella vita a volte, anche se sono superate, lasciano cicatrici profonde. Le ferite del passato si riaprono quando si presenta una situazione simile che in qualche modo acutizzano il nuovo dolore.

Le cicatrici sono "stampate" nel corpo e nell'anima, a memoria dell'antico dolore.

Spesso quel punto sensibile diventa il lato debole del proprio carattere. Per me la separazione e l'abbandono rimangono un tallone d'Achille, anche se oggi ho imparato a vivere le tensioni in proposito con minore smarrimento.

Le separazioni per la loro natura sono esperienze dolorose per grandi e piccoli, anche se non sono di carattere traumatico. Quelle legate alla vita di tutti i giorni in genere sono superate bene, fanno parte della crescita e rafforzano il carattere e l'autonomia dell'individuo.

Passato. Un uomo sulla cinquantina si alza e afferma: "Voi ebrei avete un'identità troppo forte." Ho registrato il velato attacco contenuto nell'espressione "troppo forte" e rispondo che non esiste un'identità troppo forte, ma un'identità.

Io sono ebrea e mi riconosco in questo popolo, con le sue tradizioni, la sua lingua, la sua fede religiosa, i valori morali e sociali, le feste e l'approccio allo studio e in modo particolare il rispetto per la vita. Come dice Elie Wiesel, "Essere ebrei vuol dire assumersi il passato. E inserirlo nelle preoccupazioni, nei progetti, negli impegni del presente".

Gli ebrei sono definiti il "popolo del libro" perché, cacciati duemila anni fa dalla terra di Israele e sparsi nei quattro angoli della terra, hanno perduto il contatto diretto con la terra e il tempio di Gerusalemme, che fino a quel momento era il cuore dell'attività religiosa e il punto di riferimento per il popolo ebraico.

A quei tempi i sacerdoti e i profeti trasmettevano e tramandavano la legge della Torah oralmente, attraverso i riti e i sacrifici animali che la gente faceva nelle ricorrenze religiose.

Dopo la distruzione del tempio da parte dei romani nel 70 dell'era volgare le vecchie usanze non potevano essere più praticate e gli ebrei rischiavano di sparire, come molti altri popoli antichi.

Allora i grandi rabbini dell'epoca si sono messi all'opera e hanno trasformato il culto dei sacrifici in preghiere e trascritto la storia orale sui libri.

Lo studio dei testi sacri continuava a essere il centro dell'anima ebraica e le infinite interpretazioni scritte sono tuttora il riferimento religioso e filosofico dell'ebraismo.

Nelle preghiere e nelle festività si ripete la storia del popolo e si ricorda il suo forte legame con il passato, mantenendo nei secoli viva la memoria. Un verso biblico esprime così il legame: "*im esckaheh Yerushalaim tisciakach Yemini*" (se ti scorderò Gerusalemme sarà scordata [o amputata] la mia mano destra). Gli ebrei hanno mantenuto la loro fede e le loro credenze in mezzo ai popoli e nessun oppressore, neanche il più malvagio, nei lunghi secoli è riuscito a distruggerli.

Scrive ancora Elie Wiesel: "Gli ebrei sono sopravvissuti grazie al libro che avevano portato con sé abbandonando Gerusalemme per un esilio infinitamente lungo e infinitamente duro. In altre parole: gli ebrei sono come testimoni viventi e eterni del fatto che l'istinto di annientamento esiste – ma anche del fatto che gli si può sopravvivere. Se non si tradisce il libro, e cioè la legge."

La vita. La memoria sia personale che collettiva caratterizza l'identità ebraica. Per esempio nella Pasqua ebraica alla fine della lettura dell'*haggadah*, la storia dell'esodo degli ebrei dall'Egitto, si ripete la frase "l'anno prossimo a Gerusalemme". L'ebraismo ha saputo nei secoli modificarsi e adattarsi ai tempi e alla condizione dell'esilio senza perdere il punto di riferimento di base legato alla terra e a Gerusalemme. La promessa del "ritorno" ripetuta a ogni Pasqua riusciva a mantenere vivo il legame nel tempo alla terra.

Il costante studio della legge, della Bibbia e delle infinite interpretazioni che si sono scritte in proposito accresceva la cultura ebraica e dava risposte ai dubbi naturali che investono una fede dinamica e vitale.

Il "verbo" nell'ebraismo ha una forza infinita e contiene l'attaccamento alla vita e il rifiuto di ogni culto di morte. Basti pensare all'evento biblico della creazione del mondo. Dio per creare il mondo ha usato il verbo, la Beth di Bereshit (genesi, inizio), la seconda lettera dell'alfabeto ebraico – e non la materia.

L'esodo. Per formare gli ebrei come popolo ci sono voluti secoli dopo Abramo, Isacco e Giacobbe. In mezzo ci sono i quattrocento anni di schiavitù in Egitto, e poi con la guida del profeta Mosè la liberazione e il cammino nel deserto del Sinai. Ci sono voluti quarant'anni nel deserto perché gli ebrei acquistassero una forma organizzata di popolo.

La storia dell'uscita degli ebrei dall'Egitto è stata frettolosa e sul momento non c'è stato e non doveva esserci il tempo per preparativi lunghi, in quanto il faraone avrebbe potuto anche cambiare idea e non lasciare più andar via i suoi schiavi ebrei. Così Mosè ordinò al popolo di mettersi in marcia verso il deserto, fece loro attraversare miracolosamente il mar Rosso, lo stesso mar Rosso che poi fece sprofondare l'esercito egizio che li inseguiva... Il patto era questo: gli ebrei dovevano seguire senza titubanze Mosè e aver fede in Dio che lo aveva mandato per liberarli dalla schiavitù e per condurli alla terra promessa.

Il popolo aveva davanti a sé il deserto del Sinai, la terra promessa dei loro avi e Mosè... La traversata del deserto per un popolo indebolito spiritualmente e fisicamente avrebbe richiesto un tempo materiale di organizzazione e purificazione per ritrovare la fede indiscussa in Dio e in Mosè. Le difficoltà incontrate sono state molte, il popolo più volte metteva in dubbio la fede e il senso di tutta questa avventura. L'ambiente desertico di per sé era proprio quello che ci voleva per mettere alla prova l'individuo e amalgamare un popolo in disfacimento. Mosè con la sua forza e il sostegno di Dio ha potuto formare da questa massa di individui traballanti un'unità di popolo con regole, leggi e la Torah incisa sulle tavole sul monte Sinai.

Gli ebrei hanno vagato per quarant'anni prima di trovare la coesione tra loro. Il cammino è stato faticoso in quel deserto poco ospitale, hanno sofferto la fame e la sete, e vissuto malumori, ribellioni e dissidi, finché si è rafforzata la loro fede nel Dio di Israele, a cui dovevano obbedire senza cedimenti. Mosè organizzò la loro vita sociale, li divise in tribù, riportò il vecchio patto che Dio aveva fatto con i padri dell'ebraismo e formò piano piano la sua identità.

Da quel lontano giorno l'identità ebraica simboleggia per gli ebrei la profonda essenza della libertà, che li conduce in una lotta costante contro gli idoli e ogni forma schiavitù.

L'ebraismo considera la legge ebraica e la fede un tutt'uno. Infatti davanti al monte Sinai gli ebrei dicono a Mosè: "Tutto ciò che pronuncia l'eterno, faremo e ascolteremo." L'ebreo si identifica per quello che fa seguendo la legge e la memoria storica.

Sopravvivere. L'obbligo dei padri è quello di tramandare ai discendenti le tradizioni ovunque siano nel mondo. Mi viene in mente un episodio che ho letto in un libro di Elie Wiesel. Racconta che, arrivato a Auschwitz, un ragazzo di quindici anni, disperato, lo interroga: "Rebbe, come si fa a vivere qui, come si può riuscire a sopportare tutto questo?" Il rabbino gli chiede: "Che capitolo del Talmud hai studiato prima di entrare in questo inferno?" Il ragazzo meravigliato ripete il passo. Il rabbino: "Studialo tutti i giorni, è l'unica cosa che puoi fare per sopravvivere." Il messaggio che Wiesel vuole dare al giovane è che possono annientarlo fisicamente ma non possono uccidere la sua identità di uomo e di ebreo. Molti nei campi di sterminio sono andati a morire pregando, integri nella loro fede.

Ora per gli ebrei, a differenza dei morti di Auschwitz, c'è lo stato di Israele, e questo ha cambiato molte cose.

La mia identità. Mi vennero rivolte molte domande ancora sulla parte ebraica. Verifico spesso che le persone comuni conoscono poco la storia degli ebrei e quella di Israele in particolare, e hanno l'abitudine di generalizzare le caratteristiche individuali di una persona per applicarle a tutta la popolazione ebraica. Attualmente li associano agli israeliani e di conseguenza danno la responsabilità della situazione attuale tra israeliani e palestinesi agli ebrei del mondo.

La mia identità di donna ebrea è fatta di tutte le esperienze che ho accumulato nella mia vita, è formata da tante componenti che definiscono poi la specificità di ogni individuo in seno al suo popolo.

Mutamenti
Urbino

Il giusto secondo natura corrisponde a ciò che si rivela utile per non danneggiare gli altri e non essere da essi danneggiati.

Epicuro

La libertà. Sono stata chiamata per parlare della mia esperienza di vita nei vari paesi dove ho vissuto.

Il corso che gli studenti stavano seguendo riguardava in particolare gli emigranti in Italia e il loro modo di affrontare l'inserimento nella società, rispetto alla lingua, alle leggi, alle abitudini, tradizioni, religioni, cibo, e così via. La ricerca dell'università puntava l'attenzione sull'integrazione dei bambini negli asili e nelle scuole per mettere a fuoco le specifiche difficoltà che i bambini incontrano nel nostro paese. Il lavoro svolto doveva anche formulare ipotesi di intervento psicopedagogico per aiutare gli alunni a integrarsi meglio tra i loro compagni italiani.

A piedi scalzi nel kibbutz si è rivelato uno strumento pratico utile e emotivamente adeguato. Inoltre la mia lunga esperienza presso il "Centro giochi di Masal" a Milano, pubblicata in seguito nei miei libri *Ti cuocio, ti mangio, ti brucio e poi ti faccio morire* e *Il guardiano del Palazzo* era proprio quello di cui gli studenti avevano bisogno per approfondire la loro ricerca.

Il caso volle che lo stesso giorno della mia testimonianza all'università si svolgesse contemporaneamente in piazza una manifestazione per la pace che coinvolgeva gli studenti. Nonostante ciò la sala è piena di giovani e questo mi infonde l'entusiasmo necessario per intraprendere quanto sono chiamata a fare.

Dopo la breve introduzione di uno dei professori che mi conosce dai tempi di Milano negli anni settanta, ho preso la parola e condiviso il mio interesse per la manifestazione per la pace in quanto anche il nostro incontro ha lo stesso tema. *A piedi scalzi* è un grido alla libertà contro qualunque oppressione. Con il mio titolo avevo voluto esprimere l'acquisizione della mia libertà, voluta, desiderata, lottata. Queste sono le affermazioni che, penso, rappresentano la pace con la P maiuscola. Senza libertà non c'è pace.

La schiavitù. Voglio raccontarvi come attraverso la mia cultura ho concepito l'essenza della libertà.

Gli ebrei per tradizione e formazione religiosa ripetono da tempi antichi nelle preghiere: "Ringrazio Dio che non mi ha fatto schiavo" e ancora sta scritto nei testi sacri: "Ricordati che eri schiavo in Egitto, Dio ti ha fatto uscire dalla schiavitù con mano forte." La libertà nell'ebraismo viene trasmessa attraverso la rievocazione della schiavitù. La memoria della schiavitù in Egitto diventa la chiave di accesso per ricordare all'uomo l'impegno che ha nei confronti della sua libertà, mettendolo in guardia dai pericoli della schiavitù da sempre presente nella vita quotidiana nelle sue varie forme.

Nelle antiche scritture bibliche non si dà per scontato che l'uomo sia sempre in grado di mantenere la sua libertà, una volta acquisita. L'ebreo per esempio deve esercitare dentro e fuori di sé una lotta continua per non cadere in schiavitù, reale o simbolica.

La preghiera "Ringrazio Dio di non avermi fatto schiavo" serve anche a mantenere la coscienza dell'uomo vigile nei confronti della sua identità. Si potrebbe immaginare che la dipendenza (schiavitù) possa ripresentarsi proprio quando si è acquisita la libertà e siamo meno vigili: un giorno la si conquista e il giorno dopo la si può perdere per mille motivi.

Viene da chiedersi comunque perché gli ebrei ancora ripetano questa frase nelle loro preghiere dopo migliaia di anni. Io penso che la schiavitù degli ebrei in Egitto ha acquistato nei secoli nella cultura universale un significato simbolico relativo a tutte le forme di dipendenze tra gli uomini: quella fisica, emotiva, e intellettuale. Quella che abita dentro ognuno di noi, in infinite forme, e può riaffiorare ogni qualvolta l'uomo si sente vulnerabile e si allontana dalle sue radici.

Il pericolo insito nella schiavitù o dipendenza è che possono nascondersi, dietro le buone apparenze, violenze, prepotenze, fanatismo e ingiustizie ben lontani dal concetto di libertà.

La Torah. "Ringrazio Dio che non mi ha fatto schiavo" vuole inoltre fare ricordare ai membri della comunità di non fare agli altri quello che hanno subito loro stessi in Egitto. Mi torna in mente un aneddoto su Rabbi Akiva. Un giorno viene a trovare Rabbi Akiva (che era un grande rabbino dell'antichità) un eretico dei conquistatori romani e gli dice che vuole convertirsi all'ebraismo e studiare la Torah ma non ha tempo di fermarsi a lungo per studiare.

Allora Rabbi Akiva dopo aver riflettuto qualche istante gli dice di mettersi su un piede, il romano ubbidisce e Rabbi Akiva dice: "Non fare agli altri quello che non vuoi che sia fatto a te. Qui c'e tutta la Torah, il resto è solo commento – e ora va' e studia."

Donna, mamma, scrittrice. La platea davanti a me è attenta, il discorso fluisce libero da un argomento a un altro interrotto solo da domande e risposte su Israele, il kibbutz, le difficoltà dei piccoli immigrati nelle scuole, e la realtà delle loro famiglie di origine. Sono emersi dalle osservazioni due mondi separati che i bambini sono costretti a vivere, uno in famiglia e l'altro fuori: di conseguenza l'impatto con il mondo scolastico italiano è per loro molto difficile e pieno di contraddizioni.

Una studentessa si alza e dice che la mia autobiografia è bellissima... "Ogni pagina trasuda passione e dolore, gioia e sorrisi misti a lacrime... l'intensità di una vita. Sei una madre solare." Chiede: "Come fai oggi a conciliare in te la scrittrice, la donna, la mamma?"

Rispondo così. Cerco di collegare tra loro i vari pezzi, Tune (io piccola) è la linfa che mi sostiene sempre da dentro, e mi dà la spensieratezza e la vitalità che mi servono per superare le difficoltà; la mamma che sono è la conseguenza naturale della vita; e la psicologa e la scrittrice che sono in me sono l'insieme di esperienza e studio che mi permette di esprimermi e aiutare gli altri, bambini o adulti che siano.

Le mamme. Pensandoci bene, non c'è una divisione netta tra i vari aspetti della mia persona, Masal scrittrice e Masal donna e mamma: in ogni mia espressione sono sempre presenti la donna, la scrittrice e la mamma, che si relazionano tra loro. Nei confronti della scrittrice ho ancora alcune titubanze. In realtà non mi sento una scrittrice, mi sento piuttosto una che racconta, che trasmette il suo sapere, perché gli altri possano attingere conoscenza dalla mia esperienza e usarla per comunicare meglio con se stessi e esprimere le proprie capacità naturali.

E ancora... Pensando al passato riscontro differenze abissali con la vita di oggi. Quell'epoca somigliava di più al Medioevo, le condizioni di vita e le case nel ghetto erano prive di luce, di acqua corrente, di sanitari, si dormiva per terra. La mia mamma non sapeva scrivere, come gran parte delle donne del tempo in Europa. Eppure la gente mentre legge il mio libro si identifica con quella mamma, le emozioni e i sentimenti che descrivo rappresentano le emozioni e i sentimenti di sempre. Sono senza tempo.

Un giorno mi chiamò al telefono una signora dalla Svizzera e mi disse che sua madre era come la mia. Pensai tra me e me che le mamme in tutto il mondo sono uguali o, ancora, forse la mia mamma rappresenta nel libro quello che i figli desiderano ricevere dalle loro mamme.

Una terapia. Spesso rifletto su quanto sono stata fortunata a ricevere fino a cinque anni quell'affetto familiare che mi ha permesso di costruire la mia personalità. Masal psicoterapeuta agisce come in tutti gli altri ambiti della vita di tutti i giorni. Il rapporto con i pazienti è spontaneo e semplice. Sono tranquilla mentre affronto le problematiche psicologiche e mi concentro nelle sedute con tutta me stessa, ricordando ogni cosa senza doverla scrivere. È comune, nella mia professione, che il terapeuta sia "neutro" e distaccato dalla persona che chiede il suo aiuto, per me invece condividere da vicino con il paziente le sue difficoltà è il primo passo verso la "guarigione".

In una terapia che feci anni fa e che durò molto a lungo, alla fine del percorso capii in profondità il valore terapeutico che aveva il nostro lavoro: si trattava di un ragazzo con gravissimi deficit mentali e fisici congeniti, che avevano compromesso il suo equilibrio. Vicini alla chiusura del nostro rapporto, il ragazzo era ormai divenuto adulto, con una vita ben organizzata. Alla mia domanda: "Come stai?", rispose: "Cosa posso volere di più? Sono un bel ragazzo, ho il mio lavoro, ho la mia casa, cosa posso volere di più?"

I bambini. Un'altra studentessa chiede: "Cosa ti emoziona dei bambini, cos'è che ti fa appassionare alle loro vite?"

I bambini non sono ancora "ingessati" dai messaggi che ricevono dall'ambiente. Il loro pensiero è fluido e sono originali nell'esporre se stessi. È una cosa straordinaria vedere come elaborano quanto gli accade, spesso rimango allibita per le loro invenzioni... Per natura i bambini hanno comunicazioni più dirette con il loro inconscio e lo esprimono con il gioco, con il disegno, con il linguaggio, e questo mi permette di entrare in contatto immediato con i loro vissuti. I disegni dei bambini mi emozionano in modo particolare, con pochi tratti dicono come stanno e cosa pensano. Ho una ragazzina di dieci anni in terapia: è intelligentissima, ma al di fuori di quello che fa nella realtà non le vengono idee o pensieri su quello che le accade. Si mette sempre sulla mia poltrona passivamente. Un giorno l'ho tenuta ferma e le ho detto che se occupa il mio posto deve prendere anche le mie qualità. Poi, sempre tenendola ferma con le mani, le ho detto: "Ora chiudi gli occhi e di' solo quello che senti". Ha fatto una fatica enorme a stare ferma, ho ripetuto più volte la domanda "Cosa senti?" e lei niente. Dopo dieci minuti finalmente risponde: "Sento caldo dentro." Io felice replico: "È una cosa stupenda, è meraviglioso il fatto che senti calore, ora sei finalmente qui con me. E non sei più sola!"

L'ascolto. Un professore sulla cinquantina mi chiede: "Quando ti sei accorta di essere predisposta a ascoltare le persone?"

Da molto piccola stavo a ascoltare le persone, era un'attività molto interessante, l'ambiente nel ghetto facilitava i rapporti affettivi sia con gli adulti che con i bambini. I bambini non erano vissuti come un elemento di disturbo o di sacrificio nella vita dei grandi, tutti erano vicini, tutti sapevano tutto di tutti. Ero una bambina molto attenta e curiosa, mi relazionavo facilmente con i vicini nel cortile, ascoltavo quello che dicevano gli adulti e facevo i miei ragionamenti in proposito, soprattutto intuivo chi era una persona "buona" e chi era falso o "cattivo"; è comune nell'infanzia catalogare le persone così. I bambini per impadronirsi del mondo degli adulti stanno spesso a sentire quello che dicono e a spiare i loro segreti.

Così è accaduto anche quando ho dovuto adattarmi alla realtà del kibbutz, per l'emergenza del momento ho raffinato ancora di più questo aspetto di me stessa... Guardavo gli altri per imparare a fare come loro. Il mio equilibrio dipendeva dal contatto che continuavo a mantenere con il mio mondo affettivo interiore, sopratutto in frangenti molto critici.

Nel momento in cui prendo in cura un bambino, mi metto al suo livello e "cerco" i suoi occhi finché i nostri sguardi si incontrano, e allora posso comunicargli quello che desidero o vedere cosa desidera lui. Sono sicuramente gesti semplici, però hanno un senso profondo nel considerare il fanciullo un essere pensante con il quale vogliamo entrare in rapporto in modo diretto. Di solito i grandi parlano ai piccoli dall'alto in basso e in molti casi la comunicazione non avviene.

La consapevolezza delle mie capacità professionali si è formata lentamente attraverso l'esperienza, lo studio, e la costante analisi degli accadimenti reali e psichici che questo lavoro comporta. La mia crescita individuale e professionale continua a raffinarsi giorno dopo giorno.

Elaborare il passato. Un'altra professoressa mi chiede: "Hai vissuto una vita piena di emozioni, molte delle quali laceranti. È stato doloroso raccontare la tua esistenza, rivivere i ricordi e rielaborarli a distanza di tempo?"

In realtà non ho mai smesso di elaborare il mio passato, e mentre scrivevo ci sono stati tantissimi momenti in cui non riuscivo a andare avanti per il dolore provocato dai ricordi, desideravo mia madre come allora e mi sentivo piccola piccola... Il mio bisogno di essere amata, curata e protetta era così forte che piangevo con singhiozzi irrefrenabili, per controllare l'angoscia talvolta ho dovuto anestetizzare le emozioni per poter continuare a raccontare. In verità la mia vita è stata un grande casino, poi con grandi sforzi, consci e spesso inconsci, sono riuscita a mettere ordine nel caos.

A volte, quando mi penso bambina, mi viene da dire che ero una bambina facile, di buon carattere: facile da amare.

La dedica. La calorosa accoglienza mi fa sentire gli studenti vicini. Al termine dell'incontro un giovane mi dice: "Signora, sono molto commosso, ho letto il suo libro e desidero regalarlo alla mia fidanzata; mi fa una dedica?"

Prima di scrivere le dediche mi concentro per un attimo cercando di capire con che genere di persona ho a che fare e di cogliere qualcosa di particolare da mettere in evidenza.

Scrivo alla sua fidanzata traendo spunto dall'amore che il giovane davanti a me esprime: "Leggilo con amore."

Ho un paio d'ore a disposizione prima della partenza del treno. La splendida giornata di sole mi permette di passeggiare nelle stradine della Urbino medievale. Osservo i giovani che danno all'antica cittadina un brillante tocco di vitalità e di modernità. La coesistenza dello spirito fresco degli studenti padroni di strade e piazze mescolato alle antiche viuzze e ai palazzi rende la città di Urbino un miscuglio dinamico tra vecchio e nuovo, una caratteristica a me particolarmente consona, e questo mi piace molto.

Che cos'è la felicità?
Milano, Università Cattolica

Non ci è dato di capire la felicità dei cattivi né la sofferenza dei giusti.

Talmud

Il crocifisso. Arrivo all'Università Cattolica di Milano in una giornata limpida di sole invernale, attraverso i bei chiostri con passo lento. Intorno si stendono prati di erba appena spuntata. Respiro l'aria fredda a pieni polmoni e cerco di trattenere dentro di me la sensazione gradevole il più possibile. Osservo i giovani seduti sul prato a chiacchierare e a godere i primi raggi di sole. Altri ragazzi e ragazze passeggiano nel cortile con i libri sottobraccio.

Entro nella grande sala dove si sarebbe svolto l'incontro prima che arrivino gli altri, e all'improvviso mi sento piccola come una bambina: sulla parete di fronte, dietro il tavolo degli oratori, vedo un Cristo di bronzo gigantesco e imponente. Inchiodato sulla croce, l'espressione del viso è tra il drammatico e il minaccioso, il senso di pietà tanto declamato è impercettibile o forse appena accennato nello sguardo che i miei occhi non vedono.

Il grande Cristo è solo sulla parete e domina lo

spazio di fronte a sé, controllando l'immensa sala arredata con le comode poltrone imbottite.

La sensazione che questa figura di Gesù in croce mi dà è di indefinito disagio, un certo senso di angoscia. È come se mi senta fuori posto, capitata per caso in un luogo non mio.

Mi torna alla mente mio figlio Davide che a circa tre anni era attratto dalla chiesa vicino a casa. Tutte le volte che passavamo voleva entrarci – io non capivo il perché, ma lo accontentavo. Al momento di entrare mio figlio si attaccava forte alla mia mano, avvertivo la sua paura, ma lui mi spingeva avanti per entrare nel grande ambiente semibuio. Cercavo di tranquillizzarlo dicendo che avremmo acceso una candela e avremmo guardato le figure finché non gli fosse passata la paura.

Mi sono ripresa dal rapido flashback e ho sorriso tra me, per la somiglianza tra il mio disagio e quello lontano del mio bambino di tre anni. Ero io, in quel momento, impaurita dal mistero di Gesù in croce che mi osservava da dietro le spalle.

Forse il divieto della religione ebraica di rappresentare qualsiasi immagine di Dio ha influito inconsciamente sulle mie sensazioni di oggi.

Fuori la guerra. Ritornando al presente, mi lascio alle spalle il Cristo e guardo i relatori al mio fianco; Cristina Castelli, la promotrice di questo incontro mi presenta al pubblico come una vecchia amica. Gli altri professori sono lì accanto, mi salutano. Nella sala di fronte a me vedo i volti aperti dei numerosi studenti che nel frattempo hanno preso posto, affollando la sala.

In questi giorni è scoppiata la guerra in Iraq e in ogni manifestazione inevitabilmente si sollevano i problemi angoscianti al riguardo, sia su quello che sta succedendo là sia su quanto avrebbe potuto verificarsi qui da noi. Il terrore della guerra opprime ciascuno e intavolare discussioni sull'argomento è facilissimo.

Le mie prime parole al pubblico sono state chiarificatrici: quest'incontro non ha come tema la guerra in Iraq, anche se la situazione attuale provoca una fortissima tentazione di parlarne. Voglio che sappiate che oggi per me è una festa e voglio solo condividere con voi la mia vita, quella raccontata nel mio libro *A piedi scalzi nel kibbutz*. Vi chiederei pertanto di tenere la guerra fuori da questa sala per qualche ora.

L'affetto. I quattro relatori cominciano a parlare, le loro parole mi commuovono e mi rendo conto del vero e profondo interesse che il mio libro suscita nelle altre persone. Seguo attentamente gli oratori intervenendo qua e là con qualche battuta. Il pubblico attento solleva vari problemi nuovi e con affetto entra nella mia vita.

Come previsto, ha inizio una breve proiezione autobiografica del film-intervista e dopo ricominciano le domande. Uno dei professori presenti mi guarda e sorridendo mi chiede cosa è la felicità. Scherzando rispondo che è una domanda da un milione di dollari ma poi abbasso la testa per riflettere, guardo la sala immersa nel silenzio e sento che posso fidarmi di quel pubblico affettuoso, e formulo la risposta. Stare con voi in questo momento e sentire che mi siete vicini: questa è la felicità, cogliere nell'attimo quello che accade di buono e di straordinario in noi e intorno a noi. Penso che non esista una felicità assoluta o astratta, ci sono momenti di felicità che possiamo cogliere in molti campi della vita anche nelle piccole cose, un bell'incontro, per esempio, una rosa profumata nel giardino, una bella giornata di sole, un nuovo amore e così via.

La felicità dei figli. Non posso fare a meno di accennare all'idea degli adulti riguardo alla felicità dei loro figli. Nell'immaginario dei genitori i bambini, per il solo fatto di essere bambini, *devono* essere felici. Quello che mi colpisce è che gli adulti, pur essendo stati a loro volta bambini, dimenticano completamente le molte volte che si sono sentiti infelici da piccoli, o forse per questo non riescono a accettare l'infelicità o le angosce che i bambini possono esprimere crescendo... Il ragionamento degli adulti si basa sull'idea (adulta) che i bambini sono fortunati perché non hanno problemi pesanti ad affliggerli, la realtà psichica dei bambini però è ben lontana da questa visione semplicistica.

Io penso che sia stupido voler sempre bambini felici, forse sarebbe anche noioso avere bambini che ridono tutto il giorno, è come se avessero solo un tipo di emozione che esclude dalla loro vita altre sensazioni più complesse.

Il desiderio naturale di vedere i figli contenti e in piena salute è più che legittimo, ma non è sufficiente affinché siano davvero sempre felici.

Questo pensiero serve piuttosto a rassicurare i genitori di svolgere correttamente il loro ruolo.

Cuore e mente. Una studentessa si alza e, riferendosi a una espressione del mio libro, chiede: "Come si fa a collegare il cuore e la mente?" Sorrido. È un esercizio continuo che si svolge tutta la vita, e non un atto meccanico; a volte prevale l'emozione che nel nostro immaginario risiede nel cuore, e altre la razionalità che collochiamo nella mente. Una buona intelligenza emotiva è quella che tiene conto delle emozioni e tenta di integrarle con la razionalità per realizzare quello che vogliamo: è una costante ricerca che in genere si innesca automaticamente per stabilire il giusto equilibrio tra mente e corpo. Nel caso in cui prevalga la razionalità, la parte emotiva soffre e inconsciamente preme dall'interno in modo indiretto per esprimersi, magari con vari disturbi psicosomatici; nel caso contrario, la prevaricazione delle emozioni sulla razionalità disturba la realizzazione dei nostri progetti. Per esempio: vi preparate bene per un esame, sapete tutto perfettamente, ma quando siete davanti all'esaminatore venite sopraffatti dalla paura, sudate freddo e non ricordate più niente, il cervello è paralizzato: in questo caso l'emozione prevale con forza e crea un cortocircuito.

Nel mio lavoro, e anche in questo momento, mi fermo mentalmente prima di formulare un pensiero o una risposta, ascolto le vostre idee e colgo le vostre emozioni, che trasmettete attraverso il tono della voce, il movimento del corpo e delle mani, l'espressione del viso. Per esempio, ora mentre mi rivolgi la domanda, ti ho chiesto di alzarti in piedi, ho bisogno di vederti per rendermi conto del tuo aspetto e percepire l'emotività che esprimi. Io sono convinta che questo modo di elaborare i vari aspetti di una relazione è utile per la comunicazione in generale e proficuo nel processo dell'apprendimento in tutte le sue forme.

Le difficoltà più comuni nell'apprendimento scolastico dei bambini riguardano blocchi emotivi e non intellettuali. Se l'apparato educativo prendesse in seria considerazione questo lato psicologico dei ragazzi, avremmo senza dubbio alunni più motivati nello studio.

Solitudine e scrittura. A un certo punto qualcuno nella sala mi ha chiesto quale fosse stata la spinta profonda che mi aveva fatto scrivere questo libro.

Ho aspettato un attimo prima di replicare, sento che la richiesta viene da una voce che non si accontenterebbe di una risposta superficiale o già espressa nel libro. Una fitta dolorosa mi attraversa il petto. Ho abbassato gli occhi per concentrarmi meglio, lasciando il pubblico sospeso nell'attesa quasi senza accorgermene, poi riprendo a parlare. Oltre le motivazioni a cui ho accennato nel libro stesso, penso di aver scritto la mia storia per il senso profondo di solitudine che sento dentro di me; forse è proprio nella solitudine che si riesce a esprimersi completamente e anche a sollevarsi.

Nella mia solitudine c'è un po' di tutto, senso di abbandono, malinconia e momenti di estraneità che mi creano disagio fisico nell'essermi allontanata dalla mia terra. Invece, la solitudine in cui io trovo sollievo è quella che mi fa superare le angosce e mi collega nel silenzio ai miei ricordi del passato o ai miei pensieri più profondi, quelli che mi stimolano a creare qualcosa o a progettare un'attività lavorativa, quel vuoto di solitudine dunque diventa terra fertile. La fonte di ispirazione per scrivere l'ho trovata proprio in quei momenti.

Mi meraviglio che proprio in questo luogo pubblico carico di aspettative di persone anonime sono riuscita a confessare per la prima volta una realtà così profonda.

Nonni. Per qualche associazione di idee ho visualizzato nella mente la casa dove abitava la mia famiglia a Tel Aviv e in particolare un episodio che riguarda mio nonno. Lo evoco con dolore e tenerezza, specie in momenti di solitudine acuta, e ora desidero raccontarvelo.

Mio nonno e mia nonna vivevano con noi e erano persone straordinarie, di grande fede e bontà, sempre disponibili con noi nipoti e con mia madre. La nostra abitazione (due locali con un cucinino e acqua corrente) era situata in un rione povero della periferia della città, chiamato Shechunat Ezra. Una strada asfaltata lo collegava all'arteria principale che portava in centro.

La casa era stata costruita alla meglio dagli arabi che l'avevano abitata un tempo. Divisa in due appartamenti che ospitavano due famiglie, una metà era assegnata a noi e l'altra a una famiglia di origine spagnola – padre, madre e quattro figli, il più grande dei quali aveva appena cinque anni e era piuttosto antipatico. Spesso sentivo i genitori litigare nella loro lingua.

Nelle fessure delle pareti vivevano pacificamente le cimici, insensibili al DDT che mia madre spruzzava ogni sera d'estate, quando col favore del buio uscivano in gran massa a nutrirsi del nostro sangue.

Il melograno. Davanti alla casa c'era un piccolo cortile recintato con una rete metallica rotta in vari punti a delimitare la proprietà, nell'angolo a destra una cabina di legno serviva da gabinetto alla turca che scaricava i liquami dentro un pozzo nero che ogni tanto traboccava emanando un fetore nauseabondo. Nelle notti invernali per fare i nostri bisogni ci servivamo di un secchiello arrugginito che la mamma svuotava all'alba prima che fossimo svegli.

Davanti alla finestra cresceva un albero di melograno selvatico, in primavera i suoi fiori rosso fuoco sbocciavano, e in autunno l'albero dava frutti rossi, pieni di chicchi color sangue; questo albero rigoglioso dava un tocco vitale al luogo, era un simbolo di fertilità in mezzo a tanta miseria.

Il pozzo nero era scavato proprio sotto l'albero e quando era pieno e il liquido puzzolente fuoriusciva, mi chiedevo come facesse il melograno a nutrirsi di quelle sostanze orribili e produrre frutti così buoni; questi due aspetti mi sconcertavano e non riuscivo a trovare una risposta soddisfacente alla mia domanda.

In realtà il nostro melograno non faceva frutti dolci, ma un po' aspri, che la mamma usava per cucinare cibi prelibati.

Una piccola stabilità. Questa nuova stabilità dava a mia madre una ventata di ottimismo. Aveva ripreso a lavare i panni in cortile usando un grande recipiente che poggiava sopra il fuoco per far bollire la biancheria. Poi la stendeva al sole su un filo di metallo teso tra due bastoni che si dondolava al vento come un'altalena. D'estate cucinava all'aria aperta e lavava i piatti e le pentole con la sabbia del cortile, dicendo che così riusciva a sgrassarli meglio che con il sapone. Ma io sapevo che non c'erano soldi per comperarne.

Mia madre amava in modo particolare il suo fornello a petrolio di ottone, ogni venerdì lo lucidava con il limone fino a farlo brillare come l'oro di un gioiello prezioso.

La ripresa delle vecchie abitudini casalinghe le dava una libertà di movimento che la aiutava a ritrovare se stessa dopo lo smarrimento degli ultimi anni. In cuor suo sperava di riunire di nuovo la famiglia e magari riprendere anche me a vivere con lei.

La nonna e il nonno stavano nella stanzetta che mio fratello aveva costruito per loro. Il piccolo locale accanto serviva da cucina. Una ghiacciaia e un tavolo per mangiare, un fornello a petrolio appoggiato per terra e qualche utensile per cucinare erano il nostro patrimonio.

Ogni venerdì la cucina si trasformava in un bagno dove la mamma ci lavava con acqua riscaldata sul fornello fregando i nostri corpi senza pietà con "luffa" ruvida. In ricordo del bagno turco di Damasco.

Elemosine. Mio nonno, pur sradicato dalla sua città natale, aveva trovato nella Palestina di allora un ambiente familiare, pieno di ebrei, dove non c'era da preoccuparsi per gli attacchi antisemiti. Tuttavia non aveva trovato un'attività lavorativa adeguata alla sua età. Troppo vecchio per lavorare nel commercio come in passato, frequentava la sinagoga e andava nelle case dove c'era bisogno di un rabbino, a recitare le preghiere per i malati o a dire Kaddish per i morti. Era una *mitzvah* (buona azione) più che un lavoro e veniva compensato qualche volta con offerte spontanee, i più poveri gli regalavano qualche dolce che lui portava a casa per la nonna.

Erano così passati i primi anni in terra santa, la vecchiaia piano piano si impadroniva del suo corpo e accorciava il suo respiro: spesso tossiva e sputava il catarro che si accumulava nei suoi polmoni in una vecchia scatola di latta mezza arrugginita.

Il nonno diventava sempre più debole e a fatica usciva la mattina per i suoi pellegrinaggi, non riusciva più a racimolare quei soldi che servivano a aiutare mia madre e a provvedere al sostentamento suo e della nonna.

Non tardò il momento in cui anche la nonna si ammalò e morì consumata nel fisico e nello spirito. Il suo corpo, l'ultima volta che la vidi, sembrava quello di una bambina di otto anni, pelle e ossa, con due trecce bianche e sottili pendenti a fianco del suo viso infantile, candido nella vita come nella morte.

Il nonno era un uomo orgoglioso e pieno di dignità, non rinunciava mai ai suoi principi di onestà e profonda fede, anche nei momenti più difficili. E ora sentiva la fine approssimarsi, le sue forze scemavano giorno dopo giorno e la miseria divenne la padrona di casa. La mancanza di denaro e la scarsità di cibo specialmente per i suoi cari gli procuravano una sofferenza insopportabile. E fu allora che un giorno, all'insaputa di tutti, decise di andare in città. Giunse fino a via Allenby, quella che porta al mare e taglia Tel Aviv per il lungo, davanti alla fermata degli autobus piena di gente in fila che stava per tornare a casa, il mio caro e vecchio nonno, chiamato da tutti per rispetto Rabbi Mussa, con un gesto inaspettato tese la mano per chiedere l'elemosina.

Dignità. Un nodo mi strinse la gola quando lo vidi da lontano: avrei desiderato prenderlo sottobraccio e portarlo via ma mi fermai pensando che avrei potuto recargli un disagio ancora maggiore. Se si fosse accorto di essere stato scoperto da me, si sarebbe vergognato e si sarebbe sentito umiliato davanti a sua nipote. Cercavo di immaginare cosa poteva provare: rimasi a osservarlo, paralizzata, il suo corpo curvo e tremante si sosteneva a malapena con il bastone che ormai lo accompagnava da anni. Volevo fare finta di niente e andare per la mia strada, ma qualcosa di più forte mi tratteneva, dovevo continuare a guardare, anche se era doloroso. Senza distogliere lo sguardo mi sforzavo disperatamente di rievocare con la mente e con gli occhi il nonno della mia infanzia, il mio adorabile nonno. Rividi come in un sogno la sua figura snella con la barba lunga, le *peott* (i cernecchi) ai lati del volto, il cappello che copriva il suo capo da buon ebreo, la fede che emanava dai suoi occhi chiari, il suo rispetto per la mamma e per la nonna, le infinite preghiere che musicavano e cullavano la mia infanzia. Quello a cui stavo assistendo in quel momento era troppo per un uomo così giusto. Chiedere soldi con la mano tesa doveva essere per lui come rinunciare a se stesso e alla sua dignità, che lo aveva accompagnato nella vita... Ma forse non era così: essere utile e aiutare la sua famiglia era ancora più importante di qualsiasi apparente disagio o vergogna.

Mio nonno diceva in varie occasioni che "Dio vede, protegge e accoglie, Dio distingue l'anima pura da quella impura". Ci comunicava quelle espressioni per insegnarci che cosa è la fede, per non arrendersi davanti alle difficoltà della vita, per rassicurarci diceva che l'Onnipotente veglia su di noi "*lo yanum ve lo yiscian somere Israel*" (non si appisolerà e non si addormenterà il guardiano di Israele). E oggi io lo ripeto a mio nipote prima di addormentarlo.

Mi opprimeva un dolore nel petto vedendolo curvo e sofferente: sentivo la tosse scuotere il suo corpo tutte le notti consumando la sua linfa e accorciando i suoi giorni.

Al tramonto il nonno, stanco dei suoi pellegrinaggi, con le ultime forze, si incamminava verso casa. Entrava tremante, si coricava sfinito sul letto non prima di aver posato sul tavolo gli spiccioli raccolti durante la giornata. La mamma si precipitava a scaldare una scodella di latte in cui inzuppava un po' di pane secco e lo faceva mangiare tenendolo tra le braccia e imboccandolo con un cucchiaio come un bambino, mentre ai lati della bocca usciva il latte che non riusciva più a inghiottire. La mamma però continuava a infilargli il cucchiaio in bocca sperando che ancora qualche goccia potesse finire nello stomaco. Dopo un po' di tempo rinunciava a imboccarlo, gli prendeva la testa tra le braccia e gli avvicinava il fornello a petrolio per scaldarlo e farlo riprendere un po' dal tremore che inondava il suo corpo.

La stanza era avvolta dalla penombra, sui muri ombre minacciose ballavano come spettri.

Mia madre ripeteva meccanicamente i suoi gesti: il suo pensiero si rivolgeva a Dio in preghiera per alleviare i dolori di suo padre. Morì una mattina verso l'alba tra le braccia di sua figlia.

Fino all'ultimo giorno il nonno aveva recitato le preghiere affidandosi alla volontà divina senza lamentarsi della sua sorte: accettava il suo destino fino in fondo. Mia madre aveva imparato da lui, e inconsciamente lo passò a me: dolori e difficoltà sono parte di noi e dobbiamo accoglierli con la dignità che ci ha insegnato il nonno.

Radici
Reggio Emilia

Non vivere tra le insicurezze; raccogli parole antiche per rinnovarle.

Jehuda Halevi

Le tre attività della mente, hokmah *(concetto),* bina *(riflessione),* daath *(conoscenza), sono la muraglia che protegge la nostra anima contro la lordura.*

Rabbi Nahman di Brezlev

Adozioni. All'iniziativa della conferenza a Reggio Emilia aderiscono vari organi della regione, del comune e l'associazione ANFAA che si occupa di adozioni. La sala scelta è grande e dispone di centocinquanta posti ma il flusso delle persone è maggiore. Vengono aggiunte altre sedie a fondo sala, ma molti dei presenti rimangono in piedi lungo i corridoi laterali.

Il presidente dell'ANFAA e il rappresentante del comune introducono la serata presentandomi come esperta di problematiche legate alle adozioni. Citano i miei libri *Chi è la mia vera mamma?* e *A piedi scalzi nel kibbutz.*

Avverto che l'aspettativa del pubblico è sostanzialmente legata alla mia esperienza professionale, cosa che non amo quando presento *A piedi scalzi*. Per accontentarli accenno a qualcosa del mio lavoro con genitori e bambini adottivi. Molte persone hanno letto il mio libro *Chi è la mia vera mamma?* e quindi è inevitabile che mi pongano interrogativi sull'argomento.

L'atmosfera si è ammorbidita dopo la lettura di alcuni brani dell'altro libro e la proiezione del filmato sulla mia vita. A questo punto, più rilassata, ho lasciato spazio alle domande.

Rispetto. Un padre adottivo si alza e mi invita a trattare il problema legato al rispetto per il passato del bambino, intendendo che non bisogna in alcun modo forzare la mano per spingerlo a toccare quell'argomento. Vuole sapere se è legittimo per i genitori adottivi violare questa sua intimità. Rispondo così.

Dal tono della tua voce capisco che sei per il cosiddetto "rispetto", ma il contenuto delle tue parole potrebbe anche essere interpretato così, ossia non tocchiamo l'argomento, non si sa dove ci può portare. Ma nel dubbio (probabilmente dopo aver letto il mio libro) vorresti avere da me una conferma del tuo pensiero.

L'attaccamento alle "radici" ce l'abbiamo noi, in quanto apparteniamo a una famiglia, a una lingua, a un paese. Quello che pensiamo del legame che hanno i figli adottivi con il loro paese d'origine è spesso una mistificazione. In realtà la maggior parte dei bambini che adottate non conosce nulla del paese di provenienza, ci sono addirittura bambini che non sono mai usciti dall'istituto, neanche per una passeggiata all'aria aperta.

Pochi di loro hanno radici affettive (per questo sono adottabili), appartengono allo stato, che equivale a essere "figli di nessuno". Manifestare interesse per il paese di origine potrebbe nascondere altri problemi, che non corrispondono alla loro realtà psichica.

La terapia dell'anima. Intuisco che il "rispetto dell'intimità" a cui fa riferimento il papà di prima può nascondere paure più profonde riguardo al bambino adottivo, è come se non fossimo sicuri di poterlo prendere completamente in "carico" con tutto il suo passato. Quasi a dire: "Non siamo responsabili di quello che è stato e c'era prima di noi."

Ora, quello che accade nell'infanzia rimane impresso nella psiche e nel corpo con molta intensità e la storia del bambino che andate a prendere non è certo disseminata di rose e fiori, ma è marcata da sofferenze, privazioni, maltrattamenti che hanno segnato lo sviluppo fisico e psicologico del piccolo.

In realtà l'orfano ha bisogno di un genitore coraggioso, che lo accolga nella sua totalità e senza paura si metta in contatto con quel pezzo di vita passata. In questo caso invadere la cosiddetta "intimità" diventa una terapia dell'anima. La verità è che l'impresa non è facile. Il bambino si difende dalle vecchie sofferenze e non desidera rimuovere il passato. Perciò sta alla larga dai rapporti intimi sia fisicamente che mentalmente. Può sembrare assurdo, ma l'attaccamento alla prima esperienza della vita, anche se negativa, è tenace. Convincere i vostri bambini che con voi non soffriranno più fame, abbandono, o maltrattamenti, in quanto ora ci siete voi a amarli e a provvedere ai loro bisogni, non è sufficiente perché possano fidarsi di voi fino in fondo.

Il bisogno affettivo di tutti, grandi e piccoli, è ricreare nell'intimità fisica con l'altro sensazioni di calore, amore e comunicazione mentale.

Non mi stancherò mai di ripetere che in ogni rapporto d'amore si invade necessariamente il campo dell'altro, non per mancanza di rispetto ma per potersi incontrare, cosa che non potrebbe accadere, se fisicamente e psicologicamente siamo lontani. In realtà è quello di cui hanno bisogno i vostri bambini. Il benessere di una rinascita che guarisca le ferite, con voi pronti e disponibili a accoglierli con le braccia e il cuore aperti.

Rinascere. In quel momento mi è venuta l'ispirazione di mimare il gioco della nascita che faccio con i bambini adottivi in terapia.

Ho chiesto di abbassare le luci in sala lasciando solo un riflettore a illuminare il piccolo palco. Aspetto che il pubblico si concentri per creare quell'intimità magica che richiede l'evento. Al mio "Pronti... via!" ho già il pubblico in mano e comincio la mia recita.

Sono incinta, con le mani disegno nell'aria il grande pancione. I miei gesti e le mie parole materializzano la gravidanza degli ultimi minuti, la mia voce cambia di tonalità, le doglie del parto la soffocano, mi contorco dal dolore e con forza spingo il mio bambino, finché l'ultimo grido lo porta alla luce con grande sollievo. Poi lo prendo in grembo e lo abbraccio e lo bacio. Il mio bambino è nato sano, bello e affamato, quel neonato che assomiglia a un gattino cieco spalanca la bocca alla ricerca del seno. Io lo attacco al mio capezzolo... Continuo a cullarlo tra le mie braccia cantando una ninna nanna che culla anche i presenti.

Il pubblico mi segue come in trance. Il buio della sala ci ha lasciato il tempo per ritornare al presente prima che le luci si riaccendano.

Una mamma commossa si alza in piedi e mi dice: "Ma questo puoi farlo solo tu, io non ce la farò mai a fare una cosa del genere!" e io rispondo che ogni donna è una potenziale mamma e tu non sei esclusa, sicuramente non sarai come me, in quanto farai la mamma a modo tuo, con le tue emozioni, la tua intelligenza e la tua immaginazione.

Ormai è tardi e come sempre mi ritrovo a stringere mani e a firmare dediche.

La terra di latte e di miele
Roma, libreria Menorah

Se non soffrirai la fatica dell'apprendere, soffrirai la miseria dell'ingnoranza.

Rabbi Moshe Ibn Ezra

Ritmo e musicalità. La libreria Menorah è un ambiente raccolto e accogliente. Situata nel cuore del ghetto di Roma, di fronte al tempio maggiore, contiene solo libri di argomento ebraico.

Con grande piacere scorgo tra la gente alcuni ragazzi ai quali ho dato un piccolo appoggio psicologico in passato, loro mi guardano con orgoglio e sono contenti di vedermi, lo sono anche io.

Lia Levi, amica e scrittrice, inizia a parlare di me con tono affettuoso e spiega al pubblico che dal primo momento che mi ha conosciuta ha avuto fiducia in me, dice scherzando che io ai suoi occhi sono sempre stata un "cavallo vincente" e proprio per questo mi ha offerto di tenere una rubrica sul giornale "Shalom" della comunità ebraica di Roma.

Parlando del libro, dice che la colpivano in modo particolare il coinvolgimento emotivo immediato che trasmette al lettore e il ritmo musicale che scandisce le parole in ogni passo del racconto; legge con intonazione cadenzata il brano sul giorno del bucato di mia madre: "In un lato del cortile, seduta su uno sgabello piccolissimo, teneva tra le gambe aperte un catino rotondo, nel quale trasferiva i panni che via via estraeva dal calderone, aiutandosi con un bastone. Strizza, strofina, sbatti, ogni pezzo doveva diventare bianchissimo fino a che lei non ne fosse soddisfatta. Solo successivamente passava a sciacquarlo nell'acqua fredda della fontana, con la stessa inesauribile energia. Tirava su e giù le lenzuola, con forza, con un movimento continuo e ritmato, accompagnato da un suono musicale che ancora oggi sento dentro di me, indissolubilmente legato alla sua immagine. Al pomeriggio stendeva al sole il suo capolavoro, lasciando che i panni mossi dal vento riempissero l'aria di un profumo intenso e festoso, e al tramonto raccoglieva la biancheria profumata di sole, piegando con cura ogni indumento, soddisfatta del suo lavoro e della sua fatica. Il mercoledì è rimasto nella mia memoria come un giorno speciale, il giorno del bucato."

"Altrettanto" prosegue Lia "colpisce la descrizione cadenzata della preparazione che precede l'arrivo della festa di *shabbat.* Il movimento viene da lontano e dai tempi antichi, generazioni e generazioni di ebrei sparsi nel mondo lo ripetono con ritmo costante. Tutto suona come se fosse una poesia."

Poi Lia si sofferma in modo particolare sulla vita del ghetto, sugli odori e la vivacità delle relazioni tra le persone. Si interrompe un attimo, guarda il pubblico e con voce profonda di nostalgia dice "che lei non ha avuto un ghetto come il mio", e continua: "Avrei voluto anch'io un ghetto così." Io commossa le rispondo che io ho scritto la mia autobiografia per regalarla agli altri, per scaldare i loro cuori, e colmare il vuoto che sentono dentro loro stessi, e quindi anche lei, Lia, può tranquillamente considerare il mio ghetto come fosse suo e identificarsi con i personaggi come desidera.

Arabo, ebraico. Dopo di lei, Valerio Magrelli fa l'analisi delle lingue che confluivano nei miei passaggi da un paese all'altro. Si sofferma soprattutto sull'intreccio linguistico tra arabo e ebraico che si evidenza in modo particolare quando mio padre si ricongiunge alla famiglia dopo anni di prigionia. Le due lingue, dice Valerio, "a momenti sembrano intercambiabili nella mente di Masal e formano un gioco incredibile".

Legge dal libro dell'arrivo di mio padre: "Non riuscivo a pronunciare la parola *aba* – papà in ebraico – così cominciai a ripeterla dentro di me: *aba, aba, aba*, poi in arabo *ebi, ebi, ebi*, cercando di capire quale delle due parole suonasse meglio, poi provai a voce alta a ripetere *aba* ed *ebi* più volte, anche se temevo che qualcuno potesse sentirmi e pensare che fossi impazzita." Valerio continua: "Masal lotta tra la vecchia e la nuova identità, si esercita tra *aba* (ebraico) e *ebi* (arabo). La piccola Masal non sa più quale lingua le sia più vicina. Il conflitto è evidente. Poi arrivano i fratelli, la madre, il padre, i nonni che formano con semplicità la storia di questo libro autobiografico, un mondo fiabesco e pittoresco che contribuisce a portare Masal alla sua professione di psicoterapeuta."

Sto a sentire il mio oratore emozionata e incredula delle belle parole che spende per me, mi sento come una bambina che viene lodata da due genitori autorevoli, in quanto sia Lia che Valerio sono scrittori affermati e di grande spessore.

Complicità. Come sempre le curiosità legate alla mia vita passata sono numerose. Mi accorgo che il pubblico desidera ascoltare qualcos'altro. Io sono in vena di raccontare e lascio vagare la mente nei ricordi.

Passavo le vacanze di Pasqua e l'estate in famiglia a Tel Aviv, ero molto attenta a osservare il rapporto che la mamma aveva con i miei fratelli più grandi. Sembrava che loro la conoscessero più a fondo di me e ero gelosa, si permettevano di farle scherzi dai quali io ero esclusa.

In quel periodo in Israele la situazione era davvero drammatica. I profughi arrivati da varie parti del mondo venivano sistemati in città e nella Maabarot (tendopoli): il cibo e il lavoro scarseggiavano. I miei fratelli di quindici e sedici anni, dopo aver fatto la guerra di indipendenza, sono tornati dalla mamma nella misera casa, dovevano lavorare per mantenere i miei due fratelli più piccoli e si inventarono il mestiere di muratore.

E ogni sera tornavano stanchi morti. I loro corpi ancora in crescita andavano deperendo, ma il morale era anche più devastato perché la loro vita sembrava senza futuro. Al ritorno dal lavoro li aspettava e li accoglieva la mamma pronta con la minestra calda per sfamarli. Dopo aver mangiato si sedevano sui letti (non c'era altro) a bere il tè con *cache* (ciambelle salate) o a masticare semi di girasole, diffondendo nell'aria un leggero rumore ritmico ossessivo e costante. Per ammazzare la noia e il senso di frustrazione parlavano delle loro fatiche in questa terra di "latte e miele" che consumava la loro giovinezza. I loro sogni a occhi aperti volavano verso ricchezze lontane, oltremare, nella ricca America.

Durante l'inverno rimanevano spesso disoccupati, stavano ore e ore in casa seduti vicino alla *ptiglia* (fornello a petrolio) per riscaldarsi e a fare progetti immaginari di "fuga" verso il futuro. La mamma, anche se sembrava disattenta ai loro discorsi, non perdeva una parola che usciva dalla loro bocca, e mentre offriva il tè e i biscotti partecipava indirettamente alle loro fantasie. Io, come spesso accadeva, ascoltavo in silenzio.

Sogni di emigrazione. La mamma si sentiva attratta dall'idea di ricchezza che esprimevano le loro fantasticherie e il pensiero che da qualche parte nel mondo potesse esistere una vita migliore stuzzicava la sua mente.

Molti anni prima anche suo padre e i suoi zii si erano recati in America a cercare fortuna. Quando il nonno era tornato dal lungo viaggio in Sudamerica, aveva l'abitudine la sera del venerdì di raccontare dei suoi viaggi, parlava di ricchezze inimmaginabili, di belle città e belle donne. Nella mente di mia madre si erano impresse le infinite promesse di benessere che popolavano le storie di suo padre.

Sentivo ora la sua nostalgia e sapevo che una fitta appena percepibile attraversava il suo cuore. Le mancava la famiglia riunita del ghetto di Damasco e le storie che fluivano dalla voce profonda di suo padre, e ora i suoi figli tornavano a tessere sogni su quelle stesse terre. In un certo senso penso che capisse i loro desideri.

La mamma era sempre angosciata per la mancanza di soldi, ogni giorno per lei riuscire a procurarsi il denaro per il cibo era un dilemma. Aveva ottenuto un credito nel negozio di alimentari, ma anche quel conto prima o poi doveva essere saldato e i debiti si accumulavano, apparentemente all'infinito.

I miei fratelli la osservavano e notavano le sue abitudini: mentre camminava per strada guardava attentamente per terra come se avesse perso o cercasse qualcosa, forse nella speranza di trovare un tesoro che alleviasse la sua miseria quotidiana.

Il mio fratello piccolo, che ben conosceva i suoi tormenti e le sue debolezze, un giorno mentre la vide avviarsi verso casa, con la testa bassa intenta a scrutare il terreno, ebbe l'idea di farle uno scherzo. Si precipitò dunque sul sentiero e lasciò cadere per terra una banconota che aveva in tasca (era stato appena pagato per il suo lavoro) e poi si nascose dietro i cespugli aspettando la mamma. Dopo un paio di minuti la vide fermarsi di scatto, incredula, a raccogliere la banconota trovata per terra e guardarsi intorno per controllare se qualcuno l'avesse persa. Non vedendo nessuno, se la mise in tasca e continuò il suo cammino verso casa. Immagino che nella sua mente quello fosse un segno dal cielo: Dio le veniva finalmente incontro.

Mio fratello era curioso di conoscere la sua reazione. Lei, dopo averlo salutato, disse con un sospiro di sollievo che Dio era misericordioso, vedeva le sofferenze e provvedeva alle sue creature. Rivolta al figlio disse che doveva avere fede e fiducia nell'Onnipotente, prima o poi qualcosa di buono gli sarebbe capitato, e era inutile programmare di andare a trovare la fortuna altrove.

Mio fratello chiese alla mamma se, durante la giornata, fosse accaduto qualcosa di particolare, se era arrivata qualche lettera o altro dall'ufficio di emigrazione. E lei: "Ho trovato i soldi per la spesa." Mio fratello, incapace di trattenere la sua gioia per il successo del suo scherzo, scoppiò a ridere e prese a raccontarle la verità. La mamma divenne rossa in viso, storse la bocca e con il sorriso di chi è stato scoperto, lo respinse da sé con un gesto stizzoso del braccio. Io li osservavo attentamente e nel vederli così vicini avvertivo la loro intimità, dalla quale io ero esclusa.

Penso che mia madre nel suo intimo fantasticasse una vita più facile e a tratti la sua mente vagava in mondi inesistenti dove la ricchezza dominava, un po' come nelle fiabe.

Piano piano i sogni dei miei fratelli presero forme reali: le richieste di emigrazione verso l'Argentina furono accolte e loro si prepararono euforici per la partenza. Fu così che, intorno al 1954, salparono con un biglietto di sola andata per l'Argentina a cercare la loro fortuna, come anni addietro avevano fatto mio nonno e i suoi fratelli.

I gemelli. I miei due fratelli separati da un anno di età si muovevano sempre insieme, il più piccolo era alto e bello, occhi color miele dall'espressione dolce, capelli lisci, corpo atletico e baffi alla moda. Ricordo che ha sempre avuto molto successo con le ragazze prima e con le donne poi, e questo lo ha reso ancora più seducente e spigliato. A confronto il grande era di animo buono, disposto a aiutare senza riserve il suo prossimo e affettuoso con me come un padre. Era meno bello, di statura media, un naso aquilino molto pronunciato che lo faceva soffrire non poco, e due gambe sottili e abbastanza storte. Era caratterialmente meno brillante del piccolo, ma insieme si compensavano come due gemelli.

Sono scappati dalla Siria insieme e vissuti nello stesso kibbutz, hanno fatto la guerra di indipendenza ancora adolescenti. Poi sono emigrati in Argentina, sempre insieme. Per me ancora oggi sembrano una coppia di gemelli inseparabili e quando penso a uno, segue immediatamente l'altro.

L'attesa. Nei freddi inverni di Tel Aviv, quando il gelo era tagliente, le raffiche di vento entravano dentro casa con boati minacciosi e la pioggia colava attraverso il soffitto bucato goccia dopo goccia con ritmo ossessivo finché si riempivano fino all'orlo le bacinelle sparse per terra. La mamma restava nella sua misera abitazione a soffrire la solitudine, il gelo e il vuoto senza figli che dominava la casa.

Nella penombra della sera accendeva il lume a petrolio e poi il piccolo fornello, si sedeva sul letto coprendosi le spalle con una coperta, allargava le ginocchia e si metteva il fornello fra le gambe, scaldava le sue ossa piene di umidità e rimaneva avvolta nei suoi pensieri. Le sue cosce nude piano

piano diventavano rosse dal calore e acquistavano per un momento la freschezza di una donna giovane e attraente. Immersa in se stessa, aspettava con pazienza che qualche figlio apparisse sulla porta.

L'ho pensata in questa posizione parecchie volte e ho ricordato il suo volto avvampato per il calore del fornello. In quei momenti sembrava che godesse di un lieve senso di piacere, mi domandavo cosa le passasse nella mente. Quali fantasie gradevoli suscitava il suo momentaneo benessere? Magari sognava l'amore? Non diceva mai quello che pensava e alla mia domanda corrispondeva sempre la stessa risposta: "Aspetto voi."

Non ho mai creduto che aspettasse me, io per lei ero troppo piccola per dividere qualcosa di sostanziale, non le facevo compagnia come i miei fratelli più grandi. Con gelosia assistevo alle loro discussioni e liti, a volte per qualche camicia mal stirata o una pietanza non del tutto gradita. Io ero per lei e per i miei fratelli la bambina piccola da accudire, portare in giro al mare o a vedere qualche film. In realtà ero testimone del loro rapporto e lo condividevo guardandoli, quando ero in vacanza a Tel Aviv.

Attendere i figli era parte integrante del carattere di mia madre. Era come se incarnasse la figura di "colei che aspetta", una missione da compiere che divenne per lei una vera e propria ossessione nel periodo della guerra.

Pensando a lei mi torna in mente la figura della matriarca in *Cent'anni di solitudine* di García Márquez. Come la Ursula del libro, anche la mia mamma aveva quella tenacia e quella pazienza infinita nell'attesa del ritorno a casa dei propri figli, andati via dal villaggio, lontano, a combattere la loro rivoluzione. Ma i figli poi, come per magia, ritornavano a colmare la sua solitudine.

La casa vuota. Gli ultimi anni di mia madre sono stati segnati dalla solitudine, i suoi figli sono diventati grandi, chi si è sposato, chi è andato all'estero e la casa è rimasta piena di spifferi, si è svuotata, non si sentivano più le litigate e la musica del flauto del mio fratello più grande il venerdì sera, né il grammofono comprato per pochi soldi che suonava le meravigliose musiche del tango argentino, della samba, delle canzoni nostalgiche di Shoshana Damari e Yaffa Yarkoni.

A quel tempo i miei fratelli adolescenti provavano i primi balli di coppia e me li insegnavano. La vitalità e l'allegria regnavano in casa per un giorno.

Negli ultimi anni le mie sorelle e mio fratello che vivevano in Israele avevano l'abitudine di recarsi a trovare la mamma regolarmente due volte alla settimana, e mangiare le pietanze che continuava a cucinare per loro. Nel 1967, con lo scoppio della guerra dei sei giorni, l'assenza forzata delle visite dei famigliari ha scatenato nella mente di mia madre confusione e una crisi di identità. È rimasta per giorni paralizzata nella sua casetta, seduta sul letto a aspettare, senza bere e senza mangiare. La malinconia si è impadronita di lei. Il tempo si era fermato per lei, e l'idea fissa che i suoi figli sarebbero venuti a trovarla come sempre non lasciava spazio a altro. Fuori dalla realtà, ignorava la guerra che si era scatenata nel paese. Le pentole erano piene di cibo che cominciava a guastarsi. E lei, incapace di gestire se stessa e i suoi pensieri, rimaneva fissa in balia dei suoi fantasmi, con la determinazione dei folli che aspettano qualcuno che non arriva mai, finché mia sorella Naomi, dopo una settimana, è corsa a vedere come stava. L'ha trovata disidratata e in fin di vita. Ricoverata d'urgenza in ospedale, si è ripresa e in pochi giorni ha riacquistato le forze, ma non è stata più lucida come prima e a tratti perdeva la ragione.

La porta della speranza. Arrivai in Israele in una giornata invernale limpida e fresca. Sono andata a trovarla in ospedale, quello dei malati di mente, vicino a Petah-Tikva. Questa cittadella vicino a Tel Aviv venne costruita dai primi ebrei insediati in Palestina. Per un attimo ho riflettuto sul nome, che significa porta della speranza, e ho sperato anch'io, come i pionieri, di trovare mia madre in buono stato.

Sono scesa all'ultima fermata dell'autobus che mi aveva portato a destinazione. Lasciata ai margini della cittadella, dovevo percorrere un sentiero di terra battuta fino all'ospedale, intorno a me si ergevano alberi di agrumi carichi di arance, pompelmi giganti e limoni. Il sole limpido marcava i colori della natura intorno a me. Assorta nei miei pensieri, tremavo all'idea che la mamma potesse non riconoscermi, non avevo fretta di arrivare, il mio passo era lento e costante, una camminata era proprio quello che ci voleva per metabolizzare la situazione e immergermi nel clima israeliano.

Arrivai verso le undici del mattino.

L'ospedale era situato in mezzo a un bosco di

eucalipti, piantati anni prima dai pionieri ebrei che avevano bonificato le terre paludose e incolte e sconfitto la malaria. La sbarra all'entrata dell'ospedale dava l'impressione di un carcere o di un campo militare. In effetti, i padiglioni dell'ospedale appartenevano una volta a un campo militare britannico, che era rimasto intatto dai tempi del mandato britannico, prima della costruzione dello stato di Israele, e era stato riadattato per accogliere i malati con disturbi psichici.

Al cancello chiesi dove fosse la signora Miriam Sheth (il suo nome da ragazza) e mi indicarono il blocco numero 3.

Il cuore aveva cominciato a battere più forte e pensavo che qualcuno potesse sentirlo. Avevo paura di vederla in quel luogo. Raccolsi tutto il coraggio di cui ero capace e mi misi in cerca del padiglione numero 3. Infine lo trovai in fondo alla fila di capannoni. Aprii la porta lentamente. La stanza era vuota, l'odore di pulito e disinfettante ricordava l'ospedale, i suoi pazienti erano tutti fuori all'aria aperta. Soltanto la mamma era seduta vestita sul letto, con lo sguardo smarrito e triste. Appena mi vide il suo viso si illuminò, corsi a abbracciarla e piangemmo entrambe. Poi le asciugai le lacrime e le proposi di uscire. Mi disse: “Stai attenta, la gente qui ruba tutto.” Mentre eravamo in giardino i malati, alla mia vista, cominciarono a assalirmi chiedendomi sigarette. Qualcuno più audace mi fece vedere tatuato sul braccio il numero verde del campo di concentramento di Auschwitz, farfugliando in una lingua a me incomprensibile. Un lungo brivido attraversò tutto il mio corpo per questa povera gente per la quale non ero in grado di fare niente.

La mamma mi tirava per mano per allontanarmi da loro. Cercammo un angolo appartato per consumare i dolci che le avevo portato e per poter scambiare le nostre confidenze. La sua attenzione cadde come sempre sui miei figli, mi riempì di domande su di loro e sulla mia vita in Italia. Provai a cogliere i segni della pazzia, ma non notai nulla e ne fui felice. Finita la visita mi congedai da lei promettendole di tornare.

A Haifa. In seguito mia madre fu ricoverata in una casa di riposo a Haifa, più adeguata alla sua situazione. Anche qui aveva l'abitudine di mettersi seduta sul balcone rivolto alla strada e con occhi annebbiati scrutava davanti a sé sperando che, come un miraggio nel deserto della sua mente, apparisse all'orizzonte qualcuno di noi.

Il nostro arrivo la riportava alla realtà e alla vita, nei suoi occhi si accendeva la luce di sempre e la luminosità che conoscevo. Cercavo di scoprire cosa le passasse nella mente, ogni volta che andavo a trovarla le chiedevo: "Mamma, a cosa pensi?", e lei rispondeva: "A voi" e non ricavavo altro. Avrei desiderato entrare nel suo cervello per scoprire i percorsi della sua memoria, ma non si concedeva, teneva tutto per sé. Il pensiero costante dei suoi figli rendeva la sua vita vivibile anche in questa situazione così triste e misera.

Con l'età avanzata i suoi occhi diventavano sempre più chiari e trasparenti. Mi davano la sensazione di aver visto abbastanza. E non desideravano più focalizzare l'obiettivo come prima.

Gli anni passavano e il suo stato di salute peggiorava, un giorno cadde e si massacrò una gamba, che si infiammò e andò in cancrena: avrebbero dovuto amputargliela (io non ero presente, me l'hanno raccontato), ma lei non voleva essere toccata, desiderava morire integra come prescriveva la sua religione, immobilizzata nel letto e attaccata ai tubi che la nutrivano. Diventava sempre più nervosa e intollerante alle cure tanto che a un certo punto non ne poté più e strappò via i tubi della flebo che la tenevano in vita. E in pochi istanti se ne andò.

Era diventata mamma, nonna e bisnonna e non desiderava altro della vita.

Nei pochi momenti di lucidità diceva che si sentiva inutile.

Si è riunita ai suoi genitori come aveva sempre immaginato, diceva che la stavano aspettando.

Non chiedeva altro al Signore Dio Onnipotente.

Madri e figlie. Come è buffa la vita: da giovani si fa di tutto per essere diversi dalla propria madre, poi intorno ai quarant'anni si scopre per caso che certi modi di fare e certe espressioni involontarie sono simili a quelli che in passato detestavamo tanto in nostra madre, ma riconoscerlo e confessarlo a voce alta è davvero difficile.

Da piccola ero orgogliosa della mia diversità da lei. Il mio modello era quello dei membri del kibbutz, belli, forti, sicuri di sé, che inventavano un modo nuovo di vivere. Ho avuto il tempo per integrarmi nella vita di Israele e sono stata capace di inventare il mio modo di essere e di lavorare. Ma nell'essenza sono simile a lei: lei ha curato i suoi figli e io non faccio altro che prendermi cura delle persone oltre che dei miei figli. Ci distingue l'educazione laica che ho ricevuto nel kibbutz e gli studi compiuti, frutto del tempo in cui sono vissuta, della vita moderna, mentre direi che la mia capacità di farmi carico degli altri deriva da lei, assorbita nella prima fase della mia vita. Il mio "credo" assomiglia in sostanza alla sua fede e mi dà sicurezza in quello che faccio.

Mia madre mi ha sempre ammirato e spesso ha chiesto il mio aiuto per essere accompagnata in qualche ufficio o per tradurle una lettera dall'ebraico. Aveva una riverenza profonda verso il libro e ogni qualvolta il libro delle preghiere cadeva lo raccoglieva e lo baciava. Tutto sommato era conscia della sua ignoranza, la sua esistenza era legata alle tradizioni ebraiche religiose. Pensava che studiare spettasse agli uomini e rispettava chi lo faceva.

Vedeva in me la persona istruita che sapeva muoversi in un paese tanto caotico. In realtà mia madre in Israele è stata fino alla fine dei suoi giorni spaesata, un'indigena in terra straniera, in un paese non suo e con una lingua non sua. Le è sempre risultato difficile comunicare con chi non parlava l'arabo e il suo ebraico era molto limitato.

Questa distinzione tra mia madre e me nel passato è stata determinante per la costruzione della mia persona, ora non mi serve più e questo mi permette di vedere i punti che ci accomunano. E solo adesso con affetto vedo quanto le assomiglio.

Mamma. Volevo bene alla mia mamma, l'ho trattenuta dentro di me a lungo, le ho parlato, le ho confidato i miei segreti nel nostro incontro solitario.

La sua assenza quotidiana da sempre mi ha portato a fare lunghi discorsi con lei nel mio intimo, formulando domande a cui davo le risposte che immaginavo potesse darmi lei, e in questo modo ho sentito costante la sua presenza nella mia vita, è come se lei fosse depositata nelle mie ossa e nella mia anima. Anche oggi che non c'è più da parecchi anni continuo a rivolgermi a lei in circostanze difficili, e se non c'è nessuno in casa le parlo a voce alta. Il solo pensiero di lei mi calma.

Mi è capitato a volte, in momenti di smarrimento, un pensiero bizzarro e irreale che mi sconvolgeva: pensavo che lei non esistesse affatto e che fosse tutto frutto della mia immaginazione, ero io a inventarla di sana pianta. Questa idea mi terrorizzava e cercavo immediatamente di cacciarla dalla mente. Senza di lei ero annientata e sparivo nel nulla.

Ai miei figli ho parlato poco di lei, per loro era una nonna lontana, poco conosciuta, nei rari incontri che hanno avuto non era in grado di comunicare nella loro lingua. Ma nutriva per loro un affetto grande e profondo.

Altri ricordi. Soffermo il mio sguardo sulla sala piena di persone che mi fissano con affetto, sento il loro calore.

Lia, affascinata in modo particolare dal mio racconto, mi chiede: "Come la ricordi nei tuoi pensieri la tua mamma, la pensi da giovane o come le ultime volte che l'hai vista?"

La penso da giovane nel ghetto, indaffarata e vitale, a suo agio nelle faccende di tutti i giorni, con tutti i suoi figli intorno. Mi vedo attaccata di notte al suo corpo per ripararmi dal buio. La immagino presente nel cortile con i vicini e io piccola con gli altri fanciulli che gioco con sicurezza in mezzo alle persone che mi circondano. Poi mi tornano in mente le feste, lo *shabbat*, i *bar mitzvah*, le circoncisioni, insomma c'era sempre qualcosa da festeggiare, finché gli arabi con violenza e malvagità si sono scatenati contro la nostra comunità. Da allora è finita la pace per tutti noi, e anche per me: la paura ha dominato la nostra vita.

A volte rivedo la mamma in Israele nei primi tempi dopo la fuga. Percepivo la sua disperazione, la vedevo andare alla ricerca dei figli sparsi senza un punto di riferimento chi sa dove nel paese. Il suo smarrimento era tale che sembrava pazza, camminava giorni e giorni per le vie di Tel Aviv tra uffici di ogni genere prima di sapere dove fossero finiti i suoi figli. Avevo pena per lei.

L'ultima visita. È morta nel 1990. Non sono andata al funerale perché la notizia è arrivata in Italia troppo tardi. Purtroppo succede così quando si vive lontani, il lutto è stato consumato nella mia solitudine a Milano.

Sono passati un bel po' di mesi prima che avessi di nuovo la forza di andare in Israele e salire alla sua tomba. Mi ricordo che la mamma diceva sempre che il nonno e la nonna erano seppelliti nel cimitero uno vicino all'altro e che lei sarebbe stata sepolta accanto a loro.

Arrivai in Israele in un momento in cui si trovavano lì anche i miei fratelli che vivevano in America. Sono andata al cimitero con loro, mio fratello piccolo e mia sorella Simi. Cercavamo la tomba, e quando infine la trovammo verificai con grande sorpresa che era lontana da quelle dei suoi genitori e pensai, fra me: "Povera mamma, il suo desiderio non è stato esaudito." L'idea di congiungersi con i suoi, dopo la morte, l'aveva rincuorata e le aveva donato serenità in vita.

In quel giorno, al cimitero, eravamo vicino alla tomba in piedi e in silenzio. Mio fratello grande recitava il *kaddish* e poi prima di congedarsi disse a voce alta: "Mamma aiutami nel lavoro e con i miei figli, adesso ti saluto." La salutò e le disse di riposare in pace. Baciò la tomba, pose un sasso sopra la lastra di marmo, segno tangibile della presenza del visitatore: "Sono stato qui." Udire mio fratello pronunciare le parole in ebraico, mi fece sentire in imbarazzo.

Piansi in silenzio, volevo anche io esternare alla mamma i miei pensieri, ma non fui capace di quella disinvoltura e naturalezza che ha avuto mio fratello. Mi chiusi in me stessa. Le immagini che affioravano alla mente si sovrapponevano una all'altra. Chiusi gli occhi per concentrarmi di più sulla sua immagine. E mi tornarono alla mente le sue raccomandazioni "*ya binti shiufi uiladek, shuffi Giosek*" – figlia mia guarda i tuoi figli, guarda tuo marito.

Sistemai i fiori nel vaso di latta, misi un sassolino sulla tomba, e ci avviammo alle tombe dei nonni. Li trovammo lontani l'uno dall'altra, mi dispiacque anche per loro, poi pensai che per fortuna i morti non possono più avere dispiaceri. Pulimmo le tombe dalle erbacce, mettemmo i fiori nel vaso orrendo di latta che resiste alle intemperie e ci fermammo in silenzio. Poi recitammo la preghiera, ciascuno di noi posò il suo sasso di presenza. Non parlammo tra noi, ognuno era assorto nei suoi pensieri, ci incamminammo verso la macchina sempre in silenzio.

Di nuovo in questa occasione mi sono resa conto che i miei fratelli avevano con la mamma un rapporto più diretto, anche ora che era morta. Loro si permettevano di fare i figli fino in fondo e rivolgersi a lei nella tomba come fosse viva e esprimere i loro desideri senza vergogna e imbarazzo. Io invece, che la vedevo due volte all'anno, avevo un amore sconfinato per lei, da trattenere, conservare. La capivo di più (almeno così pensavo) e la rispettavo per quello che era. Tutto sommato quando avevo otto anni e andavo a trovarla a Tel Aviv, mi lasciavo andare alle sue cure, lasciavo i vestiti in giro come facevano i miei fratelli. Godevo momentaneamente della mia mamma come tutti i bambini del mondo.

Quella sera andammo tutti a cena da mia sorella Naomi e da mio cognato che, per farne memoria, raccontò di lei con tenerezza: "Vi ricordate quando veniva a trovarci a Ramat-Gan e portava ai miei figli i ghiaccioli comprati lontano in un posto che conosceva lei perché diceva che erano più buoni, ma al suo arrivo erano quasi squagliati?"

Ho sempre apprezzato l'umanità del marito di Naomi. Negli anni siamo entrati molto in confidenza, in modo particolare quando ero nell'esercito e andavo a trovarli spesso a Ramat-Gan. La sera mia sorella andava a dormire presto mentre noi due ci sedevamo in cucina davanti a una tazza di tè bollente alla menta e parlavamo fitto fitto di ogni argomento fino a fare le ore piccole.

Mi rivolgo al pubblico e confesso che preferisco ricordare mia madre nei vecchi tempi, mi fa tristezza ricordarla negli ultimi anni.

Ciondolare. Faccio fatica a tornare alla realtà mi costringo a guardare il pubblico per riprendermi. Il mio sguardo cade principalmente sui miei ragazzi e dico in modo provocatorio che bisogna "lasciare i giovani ogni tanto a ciondolare". Tra il pubblico ci sono anche insegnanti che esclamano scandalizzati: "Ma come!" Invece i volti dei ragazzi si illuminano come a dire: "Finalmente qualcuno è dalla nostra parte!"

Un paio di insegnanti mi contestano, ma in realtà non hanno capito il contenuto psicologico profondo di quel "ciondolare". Spiego il valore che ha nell'adolescenza lo spazio libero da impegni, dove si può vagare nelle strade del mondo e nei pensieri per formulare domande su di sé, sul significato della vita, scoprire i desideri, le aspirazioni, capire chi siamo e cosa vogliamo diventare. All'apparenza sembra solo una perdita di tempo, ma non lo è, quello che intendo io per "ciondolare" serve per un'infinità di motivi personali e sociali. L'adolescenza rappresenta il giusto tempo per farlo in modo spensierato, da adulti purtroppo è più difficile.

Le facce degli adulti esprimono scetticismo. Dico dentro di me, pazienza, io il messaggio l'ho lanciato, spetta agli altri fare la loro parte.

Alcuni dei presenti si avvicinano e mi abbracciano affettuosamente.

Un incontro culturale
Roma, libreria Bibli

Quello che si conosce bene si esprime con chiarezza e le parole per dirlo vengono facilmente.

Passim Nicolas Taleb

Una casa speciale. Mi trovo nella bella libreria di Trastevere per una serata organizzata dall'associazione Zonta. Neanche a dirlo... la sala è piena.

Fiammetta, un'amica di fresca data, mi presenta. Dal primo incontro che abbiamo avuto si è stabilita tra noi un'intesa affettuosa come se fossimo parenti lontane.

Mi ricordo che andai a casa sua per un tè fra amiche in un grigio pomeriggio d'autunno. Abita in mezzo ai campi verdi al limite della città.

L'entrata era tappezzata dal soffitto fino a terra con pagine del Corano attaccate una vicino alle altre senza spazio: le scritte in arabo quasi mi mettevano soggezione. Avevo la sensazione di essere in un tempio sacro dove le lettere mandavano messaggi di altri tempi.

L'originalità dell'arredamento e il modo con cui ogni cosa era esposta mi piacque immediatamente: quadri d'autore, stoffe colorate appese al muro e l'infinità di libri sparsi in giro per terra e sugli scaffali, gli oggetti artistici provenienti da varie parti del mondo riempivano gli spazi e marcavano l'identità dei padroni di casa.

Fiammetta ci offrì del tè al gelsomino in tazzine arabe che mi riportarono per un momento alla mia infanzia. Il fuoco crepitava nel camino illuminando la penombra del tramonto e c'era musica in sottofondo. Scoprii che la mia nuova amica era poetessa e giornalista con genitori italiani e nonna ebrea libanese e aveva sposato un arabo siriano. Queste mescolanze avevano fatto di lei una donna cosmopolita curiosa e aperta alle altre civiltà, un miscuglio di cultura italiana, ebraica e islamica. Era senz'altro un "personaggio" ricco di stimoli e umanità.

Chiacchierammo con scioltezza e finimmo di bere il tè aromatico. Il tramonto stava lasciando il passo alle tenebre della notte.

Mi recai nel piccolo bagno e mi accomodai sul water a lungo per contemplare i manifesti incorniciati degli attori hollywoodiani anni trenta, e lo sguardo si posò inevitabilmente sugli scaffali appesi al muro pieni di centinaia di boccette di profumo e saponette di ogni colore. L'ordine-disordine sembrava casuale, ma a ben guardare ci si accorgeva che ogni pezzo occupava il suo giusto posto. Mi sentii osservata e questo turbava la mia intimità. I minuti passavano e quasi mi dimenticai il motivo che mi aveva portato lì e dunque mi alzai e tirai lo sciacquone. Con delicatezza mi sistemai badando a non urtare gli oggetti, lavai le mani nell'antico lavello e le asciugai con le salviette profumate.

Raggiunsi le mie amiche: in sottofondo arieggiava debolmente della musica classica che riportava alla cultura europea. Per un attimo ho immaginato che proprio la musica classica in contrasto con gli oggetti orientali fosse testimone di questo strano miscuglio di culture.

A dire il vero la casa era così zeppa di oggetti che bisognava fare attenzione a come ci si muoveva per non fare cadere qualcosa e generare danni.

Mentre le immagini si affollavano nella mia mente, Fiammetta davanti a me con la sua criniera di capelli rossi era in piedi rivolta al pubblico a raccontare la mia storia come fosse la sua, rievocando ricordi della sua nonna ebrea libanese.

Pensavo a quanto la mia amica da poco conosciuta avesse in comune con le mie radici, la guardai con il cuore pieno di affetto e tenerezza...

Radici condivise. La serata procede con il secondo relatore, preside del liceo classico Visconti di Roma, il quale in una lunga esposizione sulla mia opera si sofferma particolarmente sulla struttura del libro, sulla scrittura, sul linguaggio, sul senso avventuroso degli avvenimenti e dice che "Masal si esprime in modo pulito, descrive l'accadimento dei fatti con perfetta correttezza, senza sbavature".

Man mano che analizza il testo, la sua voce si fa più tremolante e dice: "C'è da imparare da Masal come si superano i problemi, per non parlare di quanto c'è da apprendere sulle modalità con cui svolge il lavoro con i ragazzi!" Continua con la stessa commozione, "Ma quando Masal parla delle sue radici" confessa che gli tornano alla mente molti ricordi della sua infanzia in Puglia e la nostalgia del passato lo riempie di tenerezza.

Tra me e me penso che sia davvero un peccato che i suoi allievi non possano vederlo in un momento di umanità e dolci ricordi. Sarebbe molto positivo per loro considerare il loro preside come un uomo semplice e sensibile.

Seguono domande e risposte. All'ultimo mi si avvicina una signora sui sessant'anni, con forte accento francese, e mi dice che rimarrebbe a sentirmi parlare del kibbutz e dei miei piccoli pazienti all'infinito per quello che faccio, e per l'amore che trasmetto agli altri. Sono emozionata, e grata la ringrazio.

Il mio ruolo terapeutico
Roma, Museo del bambino

Sappi da dove vieni e saprai dove andrai.

Pirkei Avot

Il regno dei bambini. Il Museo del bambino è situato in un vecchio deposito ferroviario ristrutturato. L'idea e la sua realizzazione sono state partorite dalla mente di Patrizia che ha coinvolto nel suo progetto professionisti di ogni genere, istituzioni pubbliche e private. Ci sono voluti anni di lavoro massacrante e solo la sua passione ha permesso di portare a termine questo progetto speciale per i bambini. Io preferirei chiamarlo "regno dei bambini" anziché museo. È un luogo dove tutto si può toccare, conoscere, sperimentare e dove i piccoli si possono sentire appieno protagonisti.

Questa sera, per la presentazione del mio libro, i bambini non ci sono, ma lì si percepiscono nell'aria, sembra di sentire il loro odore, le loro voci, il movimento del loro corpo agile: mi fa piacere avere queste sensazioni, e sono a mio agio.

Saluto Massimo e Giordana che mi presentano, e la "padrona" di casa Patrizia. Scruto i volti davanti a me e noto qualche persona amica.

Massimo con affetto racconta la mia storia prendendo spunti a caso dal libro. Poi Giordana recita alcuni brani significativi.

C'è un silenzio magico, il pubblico si fa cullare dalla voce dell'attrice: le parole di Giordana scivolano nell'aria e avvolgono le immagini che scorrono davanti, in un abbraccio, mi faccio incantare anche io dalla storia e mi emoziono. Passano pochi istanti prima che il pubblico intervenga.

Terapeuta e ebrea. Una signora si alza e mi chiede se il fatto di essere ebrea ha qualche influenza sul mio lavoro terapeutico, e quale peso rappresenta sul successo del mio intervento. Ho cercato di chiarire che la riuscita o meno di una terapia dipende da tanti fattori che non sono in grado di analizzare su due piedi, ma personalmente ritengo che un terapeuta, benché conscio dei tanti problemi della sua vita, non sia in grado di "mettere" del tutto da parte se stesso mentre lavora, anche se la didattica e la teoria lo richiedono. Nonostante ciò si propone nella relazione analitica come è, cosa che comunque interferisce nella relazione. Per questo motivo ogni analista è diverso dall'altro e così anche l'incontro tra le due parti. Penso che quello che influisce sui miei pazienti è che percepiscono la mia accoglienza. Non cerco di atteggiarmi o camuffarmi dietro il mio ruolo per apparire quella che non sono, e questo permette all'incontro di avere un inizio terapeutico positivo.

Il libro è una poesia. Dal pubblico si alza un signore di novant'anni, psichiatra, che ha lavorato trentacinque anni in America e ora insegna arte teatrale alla Sapienza. Il professore si appoggia al suo bastone, che sfortunatamente gli cade più volte a terra. Io corro a riprenderlo per ridarglielo, lui ritrova l'equilibrio e procede in avanti, si avvicina al tavolo, si ferma e dice che ha letto il libro e ha annotato parecchi punti, ma desidera soprattutto leggere il brano che parla della fecondità della donna. La mamma di Masal è preoccupata che lei non abbia altri figli dopo la primogenita Yael. Il signore legge il brano: "Anni dopo, quando dall'Italia andavo a trovarla, sembrava turbata dal fatto che io avessi una sola figlia. Un giorno mi viene vicino e con determinazione mi dice, in arabo 'Gibi Ulad' – fai bambini, altrimenti il tuo utero presto si asciugherà. Mi appare subito nella mente un'immagine di terra inaridita, percorsa da un reticolo di spaccature riarse, come accade nei periodi di siccità. Per lei la donna era un tutt'uno con la sua fertilità e la sua espressione conteneva un'accusa implicita, chi non genera dei figli non ha senso che stia al mondo."

Il professore chiuse il libro, dicendo: "Questo libro è una poesia! Con poche parole Masal esprime il senso della fecondità, e altrettanto fa con l'immagine straordinaria della terra secca, piena di spaccature nel suolo che esprime la sterilità." Il vecchio signore riprende altri brani del libro per esaltare il lato poetico, e dice: "La bravura del lavoro terapeutico di Masal va di pari passo con la sua poesia." Mi fa i suoi rallegramenti per il mio lavoro. Dopo l'incontro mi invita a pranzo sulla terrazza dell'albergo Bernini Bristol che si affaccia su piazza Barberini.

Buttarmi. A proposito di maternità si alza un'altra signora e mi chiede che rapporto ho con i miei figli. Mi prende alla sprovvista, sono titubante se rispondere senza riserve, ma decido di "buttarmi"... sarà quel che sarà.

Direi più che buono, anche se qualche volta come dicono loro rompo le scatole, con ognuno di loro però ho un rapporto diverso. Mia figlia, pur assomigliando a suo padre, negli anni ha preso qualche mia espressione, abbiamo lo stesso sorriso...

Quando è nata ero molto giovane e inesperta e mi sentivo molto sola, mi mancava la vita di gruppo del kibbutz e la mia famiglia. Ero meno sicura come persona, come donna e mamma e questo aveva il suo peso anche per mia figlia. Ora che ci penso forse con lei a volte sono stata troppo esigente; la mia fortuna è che era una bambina stupenda e si adattava facilmente alle situazioni, almeno così mi sembrava. Avevo l'abitudine di riflettere e valutare le situazioni emotive e psicologiche prima di agire ma inevitabilmente ci sono stati molti disagi che non ho saputo interpretare e capire. Con tutto ciò penso di essere stata una mamma attenta e calda e ho fatto quello che ho potuto.

Un giorno mia figlia già adulta stava per partire per le vacanze e io le ho fatto le solite stupide e inutili raccomandazioni e lei mi ha detto: "Ma mamma, quante volte me l'hai detto, sono già grande." Io le ho risposto: "Ci sono cose che si dicono tante volte per affetto, è come quando dici alla persona che ami che la ami, infinite volte, e sembra che non ci si stanchi di sentirselo dire." In quell'occasione sulla porta di casa mi disse: "Mamma tu adesso dai a me, poi un giorno io darò a te." Ero felice che avesse pronunciato quelle parole in modo spontaneo, e dentro di me pensai che i miei messaggi erano arrivati! Be', sono convinta che, se si riconosce quello che si ha ricevuto, un giorno lo si potrà dare a propria volta.

Con mio figlio ero molto più matura e sicura di me a livello psicologico. C'è una certa somiglianza tra noi, in certi momenti vedo in lui la bambina che ero, specialmente quando ride, e i suoi occhi diventano due fessure sottili, e mi piace. Quando è nato era un po' piccolo e ho dovuto allattarlo in continuazione perché si stancava e si addormentava. Ero felice, tranquilla e paziente, gli proponevo il seno seguendo i suoi ritmi. Dopo un mese ha acquistato un buon peso e cresceva a meraviglia. L'inverno milanese era buio e per catturare i pochi raggi di luce durante il giorno, mettevo la culla vicino alla finestra in modo da farlo crescere meglio come fosse un fiore. Da piccolo si concentrava intensamente in quello che faceva e io lo osservavo felice e orgogliosa. A volte l'espressione saggia di Davide mi ricordava mio nonno, è affettuoso con me, basta che non gli dica cosa deve fare e cosa no.

Ho educato i miei figli a essere liberi mentalmente e fisicamente, spero di averglielo trasmesso...

Il pubblico mi richiama l'attenzione e pone altre domande su Israele e sulle vicende attuali con i palestinesi: non ho voglia di rispondere...

Uno però insiste: "Ma lei come immagina i rapporti con i palestinesi e con la pace, e cosa dice sui palestinesi?"

Chiarisco senza esitazione che il mio cuore è con Israele: non potrei farne a meno, negherei me stessa, la mia identità, il mio passato, le mie sofferenze e quelle di tanti altri come me cacciati dai paesi arabi. Inoltre dato il mio passato traumatico sono piuttosto "allergica" ai palestinesi, non mi si può chiedere di amarli.

Nella mia memoria (chi ha letto il libro lo può capire) è impressa la paura del passato, vedevo arrivare gli arabi con i coltelli a ucciderci, e poi quella notte della fuga... Vi prego lasciatemi in pace.

L'incontro termina con felicitazioni, applausi, dediche e strette di mano.

Il coraggio di parlare di sé
Milano, libreria Tikkun

Il talento lo si sviluppa nella solitudine, mentre il carattere lo si consolida nella corrente della vita.

Johann W. von Goethe

Sono a casa. In questa libreria di Milano mi sento a casa: sono seduta insieme a Stefano Jesurum e Stefania, una mia "bambina" cresciuta, diventata una bella donna. Di fronte a me ci sono tanti amici venuti per l'occasione, che non vedo da anni e che quasi fatico a riconoscere; molti sono diventati nonni come me, a suo tempo abbiamo fatto crescere i nostri figli insieme nel mio asilo. L'affetto che ci unisce malgrado gli anni trascorsi è ancora presente e l'emozione è forte, mi sento felice. Ma la sala è piena anche di sconosciuti, attirati dal titolo del libro visto sugli annunci pubblicitari sui giornali.

Con calde parole Stefano Jesurum illustra la mia esperienza come "una storia diventata romanzo". Poi si rivolge a me per cedermi lo spazio e io decido di far ascoltare alcuni brani del mio libro. L'attrice Stefania de Pepe in piedi legge con voce calda: il pubblico segue le immagini della piccola Tune, della mamma, del nonno, della fuga, del kibbutz e tutti sono presi dal racconto. Al termine della lettura, sembra che la platea silenziosa voglia saperne di più dell'intimità di Tune-Masal: l'attesa è palpabile... Lascio che il silenzio domini il pubblico in sala, ringrazio la mia amica attrice e mi rendo disponibile per le domande.

Raccontare. Stefano dice che "scrivere l'autobiografia spesso è terapeutico per lo scrittore" e mi chiede se è stato così anche per me.

Rispondo. Non in modo particolare! Il movente che mi ha spinto a raccontarmi riguarda la paura di perdere quel "pezzo" della mia vita senza lasciarne ricordo ai miei figli e nipoti, ma anche la storia di migliaia di ebrei orientali scappati dai paesi arabi come me.

Già da tempo in Italia mi è capitato di raccontare più volte episodi della mia vita in Siria, del kibbutz, dell'esercito in Israele. I miei ascoltatori di allora mi suggerivano di scrivere quei racconti, ma io rispondevo che non sapevo scrivere in italiano, e così sono passati anni senza che trovassi soluzione al problema, finché una notte nel dormiveglia dissi a me stessa: "Sì, è vero che non so scrivere ma so raccontare, e questa è la mia specialità." Decisi allora di trovare qualcuno che sapesse scrivere, io avrei raccontato.

Durante la lavorazione di *A piedi scalzi nel kibbutz* mi sono tornate le angosce del passato, ho vissuto di nuovo con intensità il senso profondo di abbandono, ho pianto... Ho desiderato la mamma come allora con tutte la mie forze, ho gioito nel rievocare la mia adolescenza felice, mentre scrivevo con la matita sulla carta bianca il diario segreto dei miei pensieri.

La presenza dei vecchi amici in sala mi ha fatto sentire quella specie di confidenza familiare che mi ha permesso di tirare fuori altri episodi della mia vita tenuti fino a quel momento solo per me.

Arrivo a Milano. Al mio arrivo a Milano ho investito le energie ritrovate nel lavoro, nelle relazioni con gli amici, e ho cercato di adeguarmi alle situazioni che la nuova vita mi proponeva. In molti momenti mi sentii smarrita, perduta, il mondo che mi circondava era estraneo. Non avevo ancora familiarizzato con il cibo e con la lingua, spesso mi sentivo stanca e addirittura mi hanno diagnosticato una forte anemia dovuta al cambiamento ambientale.

Soffrivo per la mancanza della mia famiglia e di Israele, in realtà era un dolore permanente che risiedeva fisso dentro di me tra le costole vicino al cuore a accorciarmi il respiro. Inspirando a fondo il dolore dilagava nel corpo e non riuscivo a tenerlo a bada...

Mi mancava quel senso di continuità familiare, dove i figli nascono e i vecchi muoiono, e ancora i figli generano altri figli. Pensavo che questo fosse il modo naturale di vivere, che permette di invecchiare e morire più in pace. Nella mia vita ci sono state troppe separazioni, che hanno acutizzato il mio senso del dolore psichico.

Nella mia essenza più profonda accetto con naturalezza la vita con tutto quello che mi presenta senza lamentarmi, senza accumulare rabbie inutili nei confronti degli altri o del destino. Così erano i miei nonni e i nonni dei miei nonni e via di seguito nelle generazioni passate. In tutti i cambiamenti subiti, per volontà mia o altrui, e fino alle persecuzioni, mi sforzavo di mantenere un filo conduttore con la mia intimità psichica, e questo mi ha aiutato a "tenermi" insieme. Penso che i miei figli abbiano risentito dei miei disagi di allora, straniera in un paese straniero, ma ero troppo giovane per rendermene conto fino in fondo.

Sicurezza. Un giorno una mia amica, parlando dell'effetto che faccio sugli altri, mi ha confessato: "La tua immagine di sicurezza va a confrontarsi con la debolezza degli altri. Forse per i tuoi figli è dura fare i conti con una madre che sembra non sbagliare mai. Io credo che sia proprio la paura di uscire allo scoperto che impedisce alle persone alcune volte di compiere scelte giuste e così si finisce per invidiare un po' le persone che mostrano di non avere paura, quelle che hanno il coraggio di mettersi in gioco, appunto di rischiare."

Ho risposto: l'immagine che gli altri possono avere di me, come di una donna forte che non sbaglia mai, è una mistificazione che mi addolora molto specialmente se crea problemi ai miei figli. Nel mio profondo non mi sento di giudicare nessuno. Lo sai perché i miei pazienti stanno bene con me? Proprio perché sentono che non li giudico anche se all'inizio hanno paura di questo, ma poi conoscendomi cambiano presto idea. Già nel primo incontro chiarisco al paziente questo aspetto.

La mia amica ribadisce: "Forse per i tuoi figli

è un po' diverso, dovrebbero conoscerti un po' meglio."

Ma il problema è che i figli quando sono troppo giovani preferiscono l'immagine di una mamma perfetta. A volte mi dicono: "Tu credi di essere perfetta" – in realtà è il loro bisogno di vedermi perfetta che fa immaginare loro una figura forte come la mia. Io non mi sono mai posta un obiettivo del genere, piuttosto ho l'abitudine di pensare prima di agire, e seguo quello che mi suggeriscono il cuore e la testa.

"Penso che sia questa la tua diversità, per tutti gli altri non è così immediato, così semplice, così diretto."

Caramelle. La mia educazione in famiglia e nel kibbutz mi ha permesso di esprimere in vari campi le mie capacità, di misurarmi nell'ambito del gruppo. L'impegno di portare a buon fine il compito assegnatomi mi ha sempre gratificata con grandi soddisfazioni. Sono stata stimata dal gruppo e questo mi dava sicurezza.

L'intuito che mi guida nelle mie decisioni è legato all'amore che sento per quello che faccio, specie nei rapporti affettivi. Mia madre accoglieva ogni ospite, anche quello di passaggio, offrendogli tè, pasticcini, pistacchi, semi di girasole tostati, anguria. In modo un po' diverso lo faccio anch'io quando accolgo le persone in studio mettendo a disposizione caramelle, fazzoletti, perché si sentano a loro agio. Una giornalista che è venuta a intervistarmi anni fa, vedendo la ciotola delle caramelle sul divano, disse meravigliata: "Questo proprio non l'ho visto da nessun analista." Offrire qualcosa da mangiare anche in studio appartiene all'eredità orientale che mi porto dentro.

Sono consapevole che la mia vita in ogni suo aspetto è legata agli altri. Altrimenti non avrei la spinta a fare certe cose, compreso scrivere. A volte associo il mio modo di apprendere alla modalità primitiva dei bambini, ho l'abitudine di guardare le persone negli occhi per captare l'aspetto emotivo della comunicazione e contemporaneamente registro nella mente le parole che mi vengono dette. In sostanza attivo i sensi e la mente nello stesso momento...

I segreti dei grandi. Penso che la mia bravura professionale stia nel trasformare concetti difficili in parole semplici, che ciascuno può capire senza difficoltà.

Disse in proposito la mia amica: "Per noi che ti abbiamo conosciuto all'asilo, la particolarità che ci ha sempre stupiti era la tua capacità di capire subito, con rapidità, e di capire giusto. Mi piacerebbe scoprire come è fatta questa lente attraverso cui tu guardi il mondo, cioè come è fatta la tua testa. Quando sei davanti a una persona, come ti rapporti con questa persona? Perché è chiaro che il tuo modo di valutare il mondo, che è diventato poi il tuo modo di lavorare, deve necessariamente essere anche il tuo sistema di percezione del mondo stesso. Forse tu il mondo lo percepisci diverso da come lo percepisco io. Però mi piacerebbe capire."

Fin da bambina ero curiosa e guardavo i grandi per carpire qualcosa dei loro segreti. Naturalmente non ero cosciente di quello che mi accadeva, ma memorizzavo infinite informazioni che al momento giusto riuscivo a associare rapidamente tra loro, e capivo che cosa stava succedendo. In seguito in Israele questo modo di percepire la realtà è risultato vitale per l'adattamento alla vita del kibbutz. Osservavo quello che mi capitava intorno e intuivo le intenzioni delle persone che si prendevano cura di me, poi decidevo di chi potevo fidarmi. Ancora oggi uso questo sistema. Mentalmente metto la distanza dovuta (osservare) per valutare i vari aspetti del problema e poi prendo le mie decisioni o individuo gli interventi da compiere. Con gli anni ho affinato la mia capacità di entrare in empatia con le persone. Mi lascio andare e entro nell'esperienza che ho davanti, in modo particolare quando devo interpretare un sogno o i disegni dei bambini.

Come sei dentro. La mia amica continua: "La cosa che secondo me ti rende particolare rispetto a altri psicoanalisti o psicoterapeuti, è che in te c'è questo modo istintivo. Al di là della teoria, al di là di quello che è una lettura, è la cosa che fa in modo che la gente abbia fiducia in te, perché la tua conoscenza non è basata su una teoria, ma su una cosa più viscerale, più vitale, più naturale. È chiaro che questa naturalità non è solo una questione di istinto, ma è una cosa che fa parte del tuo sistema, di come sei strutturata tu dentro."

Le mie sofferenze e la mia sensibilità riguardo all'abbandono si sono acutizzate dopo la separazione forzata dalla mia famiglia. Ero totalmente smarrita, arrabbiata, e mi sentivo ingannata dagli adulti. Ma il peggio è arrivato dopo che mi hanno strappato mia sorella, il pullman che la portò via da me partì con lei per sempre, lasciandomi sola in un mondo sconosciuto. In quel periodo desideravo solo morire.

L'amica interviene: "Mentre raccontavi, mi è venuta davanti agli occhi un'immagine di te, era come se dentro vedessi le altre sagome che corrispondono ai vari stadi della tua vita. Questa bambina che ti sei tenuta dentro, che è quella che ti ha fatto sopravvivere, che tu hai fatto rivivere nel tuo racconto, è come se fosse qua con noi oggi. È presente in te a questo stadio di bambina, ma in parte si è trasformata man mano nella persona che sei ora."

Sì, ho mantenuto l'immagine di Tune felice. Spesso mi metto in sintonia con la piccola ebrea siriana, ancora spensierata e protetta dall'amore dei suoi. La tiro fuori per rallegrarmi, negli anni ho cercato di non perderla e di proteggerla dagli eventi drammatici che hanno sconvolto la mia vita.

Allegria. L'ambiente del ghetto non era affatto tranquillo come si può pensare. C'era molta vitalità nella vita quotidiana. Le persone litigavano con una certa virulenza, ma anche ridevano e cantavano, chiacchieravano. Io in mezzo a questa gente esprimevo i miei stati d'animo senza inibizioni. Ancora oggi mi sento libera quando mi metto in comunicazione con la mia parte infantile: come Tune esprimo quello che sento.

I primi anni in Italia, quando non padroneggiavo l'ambiente, c'erano persone che criticavano il mio modo di educare mia figlia o la mia impostazione lavorativa. Questo mi riportava alle vecchie insicurezze che avevo vissuto da bambina nel kibbutz, e a tratti riemergeva il senso di inadeguatezza, a volte nel mio intimo dubitavo di me, pensavo che gli altri vedevano le cose in maniera più giusta e quella sbagliata ero io.

Per fortuna questi momenti erano passeggeri e verificavo nella realtà che agivo bene per quello che sono, le mie valutazioni erano corrette e questo mi tranquillizzava. Ho sofferto per diverso tempo di questi stati d'animo, finché ho imparato a difendermi dalle critiche. Masal mi va bene così come è.

Quando sono nei miei giusti panni, mi sento come una ragazzina, e spero di riuscire a sentirmi così fino alla morte. Mia nonna ci riusciva anche durante la vecchiaia, aveva certe volte scoppi di riso fresco e allegro che veniva dal cuore... Io immagino che il nonno la amasse proprio per questo.

I miei padri adottivi. Il professor Musatti nell'introduzione del libro *Gioco e simbologia degli affetti*, scritto in collaborazione con Laura Bellisario, dice di me: "Abbandonando la tentazione del teorizzare, le due collaboratrici si sono impegnate nell'illustrazione di casi di bambini e bambine immersi nell'incantesimo dei loro giochi... risulta visibile la possibilità di costruire, attraverso dei giochi dei piccoli personaggi, tutta la problematica legata alle situazioni interiori di ciascuno (perché 'anch'io sono stato bambino'); chiunque si ritrova, e gusta quel piacere dell'esplorazione della vita interiore profonda, che è il sostegno e insieme il premio dell'attività dello psicologo."

Dice di me invece Tommaso Senise nell'introduzione del mio libro *Mamma mi compri Playboy?*: "La professionalità di Masal si fonda dunque su una sua costruzione di base naturalmente acquista, ma la curiosità e l'elevato livello etico l'hanno indotta a un'attività di studio e di ricerca che ama tutt'ora e che ne ha permesso l'adeguata competenza. La costante autoanalisi ha alimentato capacità sempre maggiori e più raffinate, che oggi fanno di Masal, a mio parere, una delle persone più preparate che io conosca in questo ambito."

Sono grata a questi miei "padri adottivi" per l'affetto e la stima che hanno nutrito per me negli anni. Ora non ci sono più e mi mancano, come mi mancano la mamma e i nonni.

Gli uomini. Un'altra signora chiede: "Che rapporto hai avuto con gli uomini?"

Ho sperimentato nell'amore vari rapporti, ma nel mio intimo desideravo che arrivasse un giorno qualcuno che accogliesse la mia paura di essere abbandonata, e facesse in modo che quella cicatrice impressa nella mia anima non si aprisse di nuovo. Con ingenuità l'ho offerta agli uomini che hanno contato nella mia vita. Le delusioni non sono mancate, fino a quando ho capito che dovevo gestire le mie angosce per conto mio. Il fatto strano è che nel mio immaginario fantastico ancora da qualche parte nel mondo c'è qualcuno (uomo) generoso e amorevole, capace di avvolgere la piccola Tune tra le braccia senza approfittarne e contemporaneamente amare la donna forte, capace a sua volta di amare e di essere un sostegno nella vita che è la Masal di oggi.

Il mio rapporto con gli uomini è stato vivace sin da quando mi sono sentita una donna, cioè nell'adolescenza. Poi mi sono sposata, ma l'attrazione o l'interesse per l'altro sesso continuava a esercitare un fascino su di me. Anche se sono profondamente fedele nello spirito, come tutti sappiamo alcune situazioni possono accadere nella vita, in modo particolare quando il rapporto fisso con un partner stabile è un po' in crisi. Le mie esperienze frivole del passato erano divertenti, ma non profonde.

Seduzioni. Mi torna in mente un locale a Milano gestito da nostri amici, dove si mangiano cibi greci e orientali, si canta e si ballano balli folkloristici di origine greca, slava, israeliana.

Andavamo ogni venerdì con amici e figli a passare la serata lì. L'atmosfera familiare e semplice mi riportava alle mie origini nel kibbutz e in Israele. Il piacere di ritrovarsi tra amici senza convenzioni mi rendeva di nuovo felice come allora. Mi sentivo bella e attraente. Il mio piccolo Davide, che adorava la musica, ballava il sirtaki con concentrazione, era molto buffo, e attirava l'attenzione di tutti. Mia figlia suonava la chitarra con le sue amiche e ballava con noi.

In una di quelle sere spensierate ero particolarmente di buon umore e tra un ballo e l'altro notai un ragazzo sconosciuto che mi fissava con insistenza. Mi sentivo a disagio e non più così disinvolta, ovunque girassi la testa incontravo il suo sguardo, aspettava che cedessi al suo fascino, era sicuro di sé e della sua giovinezza. Era alto, con una folta chioma di capelli neri e ricci e due occhi neri come il carbone. Sembrava Apollo e già sulla porta di ingresso si era involontariamente fissato nella mia mente. Avevo cercato di non farci caso ma la sua determinazione nell'agganciarmi mi procurava più imbarazzo di quanto volessi ammettere. Avevo la sensazione che mi stesse togliendo gli indumenti di dosso uno dopo l'altro con insistenza e sfacciataggine, mi faceva arrossire come un'adolescente. Si avvicinò mentre ballavo e mi prese per i fianchi, al ritmo della musica si muoveva avanti e indietro sempre più stretto e vincolante, ero sua prigioniera, mi sussurrò all'orecchio: "Sei una persona stupenda, sei la donna più bella del locale e i tuoi occhi sono profondi e malinconici e tradiscono il tuo sorriso." Lo guardai felice, pensando che da tanto tempo nessuno mi diceva parole così eccitanti, e gli sorrisi. Incoraggiato dal mio sorriso continuò a sussurrarmi: "Domani mattina devo partire, vieni con me?"

Finimmo il ballo, mi staccai dal suo corpo caldo e mi allontanai, cercai rifugio con gli occhi nella mia famiglia. Le gambe mi tremavano e temevo che qualche emozione potesse trapelare dal mio viso e tradirmi, avevo bisogno di bere un'aranciata fresca.

Il locale era affollato di persone sedute sui tavoli spostati per l'esibizione del cantante. Il mio "principe" mi seguiva ancora, me lo sono ritrovato al fianco. Continuava a bisbigliarmi all'orecchio: "Sei la donna più bella che io conosca." Sprofondai nel carbone ardente dei suoi occhi neri ubriacandomi di quelle parole cariche di inganno. Ma la serata finì e dovevamo portare i figli a dormire. Usciti all'aperto, mi sono un po' rinfrescata alla brezza notturna e constatai di essere disturbata e piuttosto seccata per il fatto che un estraneo di cui nemmeno conoscevo il nome fosse riuscito a sedurmi con tale facilità. Pensandoci bene ero lì pronta per essere sedotta... e lui è andato a colpo sicuro. È piombato su di me come un falco sulla preda, l'odore del mio desiderio è arrivato al suo sensibile olfatto, ero io a garantirgli il successo. Per un giovane così pieno di sé corteggiare una donna della mia età, magari in crisi, è sicuramente più facile che abbordare una ragazza giovane.

Prima di addormentarmi pensai che questi piccoli e innocui giochi di seduzione fanno bene alla salute e bisogna tenerli a mente per i momenti di "magra".

La mia mente quella notte era rilassata, ero di nuovo fiduciosa della vita, un senso di tranquillità mi accompagnò nei sogni ristoratori.

Voi ebree. Un uomo simpatico più grande si è invaghito di me, più di quanto desiderassi, mentre giocavo a fare l'amore con lui mi disse: "Più sto con te, più mi piaci. Peccato che non ti ho conosciuta prima" (frasi da romanzo rosa). Ci vedevamo durante il pomeriggio per rubare l'amore, per scambiarci tenerezze. La sua semplicità nell'affrontare l'amore era davvero sorprendente e combaciava con la mia natura. Penso che lo intrigasse la mia libertà e la volesse acciuffare.

Quando ho chiarito che ho dei rapporti affettivi importanti e che mai vi rinuncerei, si è sentito ferito nel suo orgoglio maschile e mi ha detto: "Voi donne ebree siete assai complicate." Quel "voi donne ebree" rievocò sgradevoli ricordi e un pericolo in agguato. Il gioco ha perso la sua magia e decisi, in quel preciso istante, che era arrivato il momento di interrompere i nostri incontri.

I suoceri. Il mio rapporto matrimoniale attraversava alti e bassi: è occorso un adattamento paziente e reciproco perché potesse durare.

Abitavamo nella casa di mia suocera e la convivenza non era per niente facile. Era una donna piuttosto esibizionista con tendenze isteriche e era difficile affezionarsi a lei. Quando veniva a trovarci a Milano, dovevo stare attenta che non invadesse eccessivamente la mia casa e la mia persona, per cui chiarivo bene i nostri ruoli dicendo che quella era la mia casa e che lì decidevo io come fare. Questo ha permesso sia a mio marito che a me di avere rapporti discreti con lei e di non farci influenzare.

Il padre di mio marito era un ebreo scappato dalla Polonia e come tanti ebrei polacchi doveva transitare a Trieste per imbarcarsi per la sognata America, invece come molti altri si fermò in città. Si innamorò di mia suocera, ebrea italiana, e formarono una famiglia. Nella Shoah ha perso quasi tutti i suoi famigliari, il che ha aumentato le sue angosce dopo la guerra. Era una persona sensibile e buona, ma le sue fragilità lo rendevano emotivamente vulnerabile. Per anni ha vissuto come apolide in Italia, finché non ottenne la cittadinanza, quando i suoi figli erano già grandi.

Me lo ricordo sul molo di Trieste al mio arrivo. La nave attraccò verso le nove di sera. Quella notte di fine dicembre faceva molto freddo e la bora soffiava sul mare e su di noi. Mio suocero, vestito con un cappotto elegante e un Borsalino in testa, ci aspettava da solo sul molo deserto, eravamo gli unici passeggeri a scendere dalla nave.

Arrivavo da Israele con vestiti leggeri e del tutto inadatti al clima invernale europeo. Il giorno seguente mio suocero mi accompagnò in un negozio elegante della città e mi comprò un paio di scarpe calde – i miei piedi, sempre freddi, mi facevano soffrire. Quando ero a letto con mio marito, avevo l'abitudine di mettere i miei piedi gelidi tra le sue cosce affinché si scaldassero. Ora mi torna in mente che questo gesto è rimasto tra noi come inizio di ogni tenerezza.

Mio marito. Nei primi anni in Italia mio marito mi traduceva e mi spiegava tutto, era il tramite tra me e quanto mi circondava e ancora oggi gli sono grata per questo. Mano a mano che diventavo "autonoma" con la lingua e emergevo nel lavoro, ha cominciato in modo sottile (voglio pensare che sia stato inconscio) a attaccarmi e a criticare la mia professione, e soprattutto la mia posizione verso Israele.

In casa nostra "Israele" era sinonimo di Masal. Ogni attacco a Israele era rivolto indirettamente a me. Non tolleravo le critiche cosiddette "di sinistra" contro Israele, mi infiammavo con passione nelle discussioni per difendere il mio paese con chiunque si presentasse davanti a me, compreso mio marito.

Ora che ci penso, forse erano proprio la passione e l'amore che ho sempre messo in quello che faccio a infastidirlo, e non tanto il lato politico. Forse perché a lui mancavano? Chi lo sa?

Mio padre. Un uomo sulla quarantina si alza e dice che nel libro io mi metto a nudo davanti al lettore: circostanza alquanto rara, ci vuole molto coraggio a farlo.

Rispondo che nei miei scritti regalo la mia vita agli altri senza paura di essere svuotata o consumata e ciò mi fa sentire libera di pensare, di ascoltare, di fare l'amore.

Un tizio non più giovanissimo mi chiede invece come mai in *A piedi scalzi nel kibbutz* quasi non parlo di mio padre. "Che posto aveva nella tua vita?"

La sua figura in casa non aveva grossa influenza sui contenuti profondi su cui si basava l'imprinting educativo, morale e religioso della mia famiglia. Il suo maggior interesse verteva intorno a mia madre e ai suoi bisogni personali.

Mio padre, tra i sette figli avuti, nutriva una simpatia particolare per me e per la mia sorella maggiore. Da piccola ero l'unica tra i figli che gli poteva saltare sulle ginocchia e lui mi prendeva in braccio, ero affettuosa e evidentemente non gli creavo problemi. Mi ricordo del suo riso un po' malizioso e misterioso, che colpiva la mia immaginazione. Ma forse ero io a essere maliziosa come tutte le bambine e a scorgere dietro quel sorriso il mistero. A suo tempo mio padre era un uomo giovane e forte, e gli piaceva corteggiare mia madre, quando la desiderava, senza nasconderlo troppo le si avvicinava dolcemente, ma a volte si infuriava con lei (io avevo paura quando si inquietava) per cose stupide e di poco conto e la trattava male. Questo non faceva che allontanarmi da lui, tanto che a volte lo odiavo profondamente.

Mia madre con lui era un po' remissiva, ma osservandola più a fondo mi sono accorta presto che sapeva tenerlo alla larga nei momenti di ira, e non si lasciava ferire in maniera eccessiva.

Aleppo. Mio padre era lontano dalla sua famiglia e parlava poco dei suoi parenti che vivevano a Aleppo. Tuttavia un giorno, senza preavviso, decise di portarmi in visita dai suoi genitori, per farmeli conoscere. Il viaggio per me fu una vera e propria avventura, non ero mai uscita dal ghetto né salita su un tranvai o su una macchina e meno che mai su un treno a vapore. Del viaggio in treno mi ricordo ben poco, ma mi è rimasta impressa nella mente la casa dei nonni. Aleppo era una grande città e il loro alloggio era in un palazzo a più piani, consisteva di una sola stanza al secondo piano affacciata sulla strada, e dalla finestra aperta si sentivano tutti i rumori senza distinzione, le rare macchine che passavano strombazzando per far spostare la gente, gli uomini seduti fino a tarda notte a giocare a *shesh besh* (simile al backgammon), chi parlava e rideva riempiendo il silenzio notturno.

Il buio della casa era illuminato dalle insegne

pubblicitarie al neon che si accendevano e si spegnevano. Era ora di dormire dopo il lungo viaggio, io dovevo fare i miei bisogni prima di coricarmi, ma il gabinetto alla turca era fuori, vicino alla stanza. Avevo paura di uscire, ma non osavo chiedere aiuto ai nonni che erano per me completamente estranei né a mio padre. Con coraggio uscii all'aperto, mi attaccai alla ringhiera come a un'ancora di salvezza e utilizzai le luci intermittenti della città per vedere qualcosa e orientarmi. Mi tracciavano il cammino lungo il corridoio, mentre lo percorrevo con il cuore in gola. Il buio nel gabinetto mi terrorizzava, mi tornava in mente quello che si diceva nel mio cortile, che nei gabinetti alla turca ci sono topi giganti. Quasi a occhi chiusi entrai e feci più in fretta che potei, poi tornai di corsa in casa.

Il vecchio. Tanti anni dopo, superati i miei cinquanta, andai a trovare mio padre nella sua modesta abitazione a Ramt-Gan in Israele. Appariva ai miei occhi soltanto come un vecchio che non aveva niente a che fare con me. Mi sono presentata: "Sono Masal", come una sconosciuta. Lui ha annuito, e tutto è terminato in quell'istante con quel suo cenno del capo.

In realtà, dopo la nostra fuga da Damasco, mio padre è sparito dalla mia vita. Magari da bambina mi mancava la figura paterna, ma la sua assenza era compensata dalla presenza di mio nonno. Certo mi sono rimaste alcune curiosità infantili insoddisfatte nei suoi confronti, e inconsciamente questo tassello mancante della mia vita ha influenzato la mia scelta degli uomini. Sono stata attratta in modo particolare da ragazzi diversi da quelli che avevo intorno a me. E ho sposato un italiano che era in quel momento uno "straniero" in Israele, come a sua volta aveva fatto mia madre ebrea siriana sposando mio padre che proveniva da Bagdad. Un dettaglio non irrilevante per me, ma ne ho preso coscienza molti, molti anni dopo.

La nonna cieca. Una donna in sala, colpita dall'immagine di mia nonna descritta in *A piedi scalzi*, vuole che racconti ancora di questa donna cieca.

Mi ricordo come in Siria mia nonna fosse capace di attraversare con passo disinvolto il cortile della sua abitazione per giungere alla stanza utilizzata come cucina e bagno: spazzava per terra, accendeva il fuoco e cucinava come chiunque altro. Ogni gesto del suo corpo era sincronizzato, non faceva cadere gli oggetti, non inciampava. Era leggera come una piuma nel buio del suo universo, sembrava seguire una partitura musicale a lei nota che la teneva in equilibrio.

La sua famiglia era nobile e benestante. Figlia unica, ben curata e molto amata, si distingueva dagli altri per i suoi modi fini. Ispirava tenerezza e protezione ma mai pietà. Sembrava una principessa nel mondo volgare che la circondava.

In Israele si è rotta il femore e è rimasta seduta nel letto fino alla fine dei suoi giorni. La sua presenza in famiglia era come quella di un vecchio mobile lasciato in eredità dal passato e dava un senso di rassicurante tranquillità a quella povera abitazione.

Mi rimangono impressi nella mente i suoi gesti mentre si pettinava i capelli bianchi e sottili ogni mattina, cantando antiche melodie ebraiche come un usignolo, e li raccoglieva in due trecce da scolaretta, poi si lavava nella bacinella che mia madre le portava. Così era pronta a cominciare un'altra giornata.

Il suo posto stabile era sul letto all'entrata, da quel punto poteva registrare il più piccolo rumorino che sentiva da lontano. Al "segnale" il suo corpo per un attimo impercettibile si irrigidiva leggermente come fosse un cane da guardia buono ma incapace di difendere chiunque. Accoglieva chi entrava in casa sempre con la stessa domanda – "Chi è?" – anche se dal rumore dei passi immaginava già chi di noi era arrivato. Attendeva di sentire la voce del saluto – "Ciao nonna" – e poi si tranquillizzava e la sua figura minuta si rilassava di nuovo. Parlava poco ma riusciva a tenere a mente tutte le date di nascita dei suoi nipoti e se volevamo sapere qualcosa del passato, lei ci sapeva dire e raccontare i particolari. La sua malinconia si esprimeva nelle nenie nostalgiche in arabo che riempivano la solitudine e il buio dei suoi occhi.

Malgrado l'immobilità continuava a rendersi utile: la mamma le dava da pulire la verdura o da sbucciare i piselli e quando nacque mia sorella Simi la teneva sempre in braccio e cantava per lei. Le ha lasciato in eredità la sua voce melodiosa. Aveva una personalità originale e definita, nelle ultime settimane prima di morire ha perso la ragione e ha cominciato a lottare con i demoni della morte, le sue urla assomigliavano a ululati animaleschi terrificanti, di chi ha paura: diceva che i demoni volevano portarla via.

Quell'anima gentile e quel corpo consumato come una candela piano piano hanno smesso di lottare e si sono abbandonati nelle braccia degli angeli, ma la sua voce risuona ancora in me regalandomi attimi di pace.

Il cugino. Mia nonna ha avuto altre due figlie oltre a mia madre: una è morta poco dopo la nascita e si chiamava Shifra; l'altra, di nome Tune, si è sposata e ha avuto un figlio, ma è morta di parto. Io ho ereditato il suo nome.

Il figlio rimasto orfano è stato cresciuto da mia madre e per noi rappresentava un cugino-fratello. Alla mamma piaceva sottolineare che lui era nostro cugino, e solo a distanza di anni ho capito il perché. Il ragazzo, cresciuto e diventato quasi uomo, puntava gli occhi su di me, cosa che non sfuggiva allo sguardo attento di mia madre. Gli piacevo molto (avevo dodici anni circa) e la mamma aveva paura che mi potesse fare qualcosa e gli diceva: "Ma guarda che Tune (raramente mi chiamava Masal) è piccola e non è per te." Pur essendo già sviluppata, ero comunque priva di malizia e non capivo. Io lo consideravo da sempre come un fratello.

Mio cugino era piuttosto cupo come persona, parlava poco, era alto con occhi neri, capelli e baffi corvini che davano al suo bel volto un'espressione mascolina piuttosto misteriosa o forse era il suo silenzio malinconico a farlo apparire così. Era molto legato ai miei fratelli grandi, in pratica li seguiva ovunque, e aveva molti problemi che allora non ero in grado di comprendere.

La crisi è scoppiata dopo la morte dei nonni e la partenza dei miei fratelli per l'Argentina: quando la casa si è svuotata, lui è entrato in depressione. Non era in grado di sopportare le difficoltà che incontrava in Israele, e non riusciva a ambientarsi socialmente né lavorativamente. Intorno ai diciotto anni si è ammalato e è stato ricoverato in un ospedale psichiatrico vicino a Petach-Tikva (la porta della speranza).

L'edificio dell'ospedale era a più piani, isolato dalla strada principale che collegava Tel Aviv con quel borgo. Mia madre andava a trovarlo regolarmente una volta alla settimana cambiando tre autobus. Era sempre carica di frutta e dolci fatti da lei, *maude* (patate con pollo alla cannella), zucchine ripiene e budino all'acqua di rose, cibi che gli portavano odore di casa e ravvivavano con un po' di calore la sua solitudine. Non mancava mai all'appuntamento settimanale e per anni fece quel tratto di strada anche con la calura bruciante d'estate e sotto il manto del freddo invernale. Lo trattava come un figlio, non faceva distinzione tra noi e lui.

Qualche volta mi portava con lei, dicendo che era una *mitzvah* andarlo a trovare. Mi accennava qualcosa della sua malattia, ma in realtà mi aveva nascosto il tentato suicidio che mise in atto a suo tempo; preferiva parlarmi piuttosto della sua solitudine, penso che lo comprendesse davvero.

Io, in quelle visite, parlavo poco ma osservavo come la mamma gli parlava, cercava di incoraggiarlo, lo spronava a mangiare e lo incitava a riprendere le forze.

Quando guarì, gli organizzò uno *shidduch* con un sensale di matrimoni e lo sistemò con una brava donna. Ebbe dei figli che io non ho conosciuto, perché nel frattempo la mia vita andava avanti e l'avevo perso di vista completamente. So che è morto giovane e ignoro altri particolari della sua famiglia.

Una vita condivisa
Io e i lettori

La massima stima che un autore può avere del suo pubblico si esprime nel fatto che egli non gli offra mai ciò che esso si aspetta, ma ciò che egli stesso di volta in volta ritiene giusto e utile nei diversi stadi della cultura propria e altrui.

Johann W. von Goethe

La mia storia continuava a toccare a mia insaputa le anime e la mente delle persone. "Chi l'avrebbe mai detto o immaginato un'eco di questa portata da un semplice racconto?" I più coraggiosi mi hanno mandato per iscritto i loro pensieri senza timore, sicuri che li avrei accolti con affetto. Sono pensieri profondi, affettuosi, pieni di amore, coraggio, desiderio di cambiare e affrontare i loro problemi con speranza e fiducia. Come fece Tune-Masal nel travaglio della sua vita... e ce l'ha fatta. Perciò li ho raccolti in questo capitolo per dare loro lo spazio che meritano. Non conosco le persone che mi hanno scritto, ma la loro generosità nei miei confronti è così autentica e sincera che me li fa sentire vicini come famigliari, "quasi parenti"... È bello che la gente leggendomi si identifichi con lo spirito positivo che esprimo, quello capace di trasformare l'approccio alla vita. Una lettrice dice "di non sentirmi più come una sconosciuta, avendomi conosciuto attraverso il libro". Questo contatto che si rinnova ogni volta che mi presento al pubblico, come negli incontri di questo libro, mi dà gioia infinita, sia per me che per chi mi è vicino con lo spirito.

Per discrezione i nomi sono stati cambiati.

Tutto è possibile

Cara Masal,

ho letto *A piedi scalzi nel kibbutz* e mi sono sentito in debito con lei che, semplicemente raccontando la sua vita e alcuni episodi tratti dalle vicende dei suoi piccoli pazienti, è riuscita a toccarmi nel profondo lasciandomi intravedere quel qualcosa a cui da tempo cerco di dare un nome. Marco, il bambino bellissimo di cui si è innamorata a prima vista, le voci dei morti non sepolti, lo studio continuo e la ricerca di un senso, coloro che si annoiano...

Questi e altri passaggi mi hanno fatto davvero capire l'importanza del suo lavoro e di quanto troppo spesso io perda la retta via, perda il controllo di me stesso ma soprattutto la curiosità, la voglia di imparare, l'amore per il sapere. Concludendo, io ho ventiquattro anni, un passato normale senza alti né bassi e un amore verace per la lettura.

Grazie della lettura.

Giovanni

Grazie Masal!

L'idea che al mondo ci sia una persona che ha affrontato ciò che hai affrontato tu da piccina, mi fa credere che tutto è possibile. Grazie,

Roberta

Cara Masal Pas Bagdadi,

sono Samuel, un ragazzo di vent'anni, e dopo aver letto il suo libro *A piedi scalzi nel kibbutz* ho deciso di scriverle perché le sue parole mi si sono impresse nel cuore e volevo condividere questa gioia con lei.

La ringrazio, ringrazio le persone come lei che danno una speranza, la ringrazio per l'amore che porta dentro e che è riuscita a trasmettermi, la ringrazio, perché lei ce l'ha fatta.

Nel suo libro lei dice di avere aspettato molto tempo per raccontare la sua storia a suo figlio, di avere aspettato con pazienza che si rivelasse l'occasione giusta; per me il suo libro rappresenta l'occasione giusta per raccontarle la mia storia, che è una storia un po' confusa, sofferta e triste. Se da un lato scrivo per la semplicità di comunicare con lei, che considero una persona vera, dall'altro scrivo sospinto da una profonda tristezza, rabbia e un senso di vuoto.

Spero di riuscire a trasmetterle i miei sentimenti e confido che Dio voglia che lei legga queste mie parole.

Samuel

Gent.ma dottoressa Pas Bagdadi Masal,

solo ieri ho finito di leggere il suo libro *A piedi scalzi nel kibbutz.*

La lettura del suo racconto mi ha coinvolta piacevolmente, mi ha commossa, mi ha fatto compagnia in modo lieve e dolce.

Ecco... mi permetto di scriverle solo per questo: per ringraziarla.

Trasformare le ferite della propria vita in feritoie attraverso le quali altri possano vedere una luce è un dono immenso. Grazie...

Anche io lavoro con bambini, con bambini in difficoltà... Un caro saluto.

Tiziana

Cara Masal,

non ci conosciamo, ma io conosco te come si può conoscere qualcuno leggendo quel che scrive (quindi più di quel che si pensa!). Sono una giovane scrittrice, per ora ho pubblicato un solo libro ma non è pubblicare che mi interessa, è scrivere, e questo potrò farlo sempre. Mi sto laureando in storia e dopo voglio specializzarmi in storia della Shoah, in Israele. Ho molta paura di lasciare tutto, ma è una scelta che ho fatto sin da bambina e ne sono convinta. Ecco, non c'è un reale motivo per questo messaggio, volevo solo salutarti non da sconosciuta, visto che tu in un certo senso non lo sei per me. Ti mando un abbraccio grande grande,

Stefania

Cara Masal,

ho avuto dei periodi molto bui, ma domani è Pasqua e si deve andare avanti. Ti penso come una bella e solida roccia esposta ai venti e alle intemperie che resiste e diventa esempio per tutti. Un forte abbraccio,

Rina

Ciao Masal,

sono Mario, il tuo vicino di casa... Desideravo solo dirti che oggi quando sei andata via ho sfogliato per curiosità le prime pagine del tuo libro, e la curiosità iniziale è stata ben presto soppiantata da una frenesia e da una voglia pazzesca di leggerlo in un attimo. Sono quasi alla fine, ma purtroppo un impegno lavorativo mi costringe a riporlo nel cassetto. Volevo semplicemente dirti che è veramente molto ma molto bello, era da tanto tempo che non leggevo una storia di vita così affascinante, così intesa, così carica di vitalità, ti confiderò anche un piccolo segreto, in alcuni punti mi sono venuti gli occhi lucidi. Lo farò leggere sicuramente anche alle mie figlie. È un vero onore per me averti conosciuto. Con stima,

Mario

Cara Masal,

quest'estate mia zia è arrivata a casa con un libro che si intitola *A piedi scalzi nel kibbutz*. Era intrigata dalla tua storia ebraica, e anche io ho cominciato a leggerlo più o meno per la stessa ragione.

Ma nelle tue pagine ho trovato molto di più,

e sono stata sedotta dalla tua storia, dal tuo percorso.

Ti scrivo prima di tutto per ringraziarti di aver deciso di condividere il tuo racconto con questa generosità contagiosa.

E poi perché ho ventinove anni e vorrei proprio passar dentro la mia vita. Ribaltarla e non sfiorarla. Immergermici.

Quindi leggerti è stata una folgorazione. Scorrevo le pagine e pensavo che anche io vorrei "sentirmi così bene nella mia pelle e chiedermi se anche gli altri lo percepiscono". Andavo avanti e pensavo: io vorrei guardarla negli occhi una donna così, fare l'esperienza (rara) di confrontarsi con qualcuno che ha vissuto tanto e guardando indietro parla di fatiche e non di dolore, di gioia e speranza.

Se io fossi a Roma verrei da te perché la bambina che è in me vuole ritrovarsi, desidera con molta forza poter permettere alla donna che sono di usare tutte le energie per espandersi e vivere davvero. Ma vivo a Milano, e quindi non so neanche bene cosa cerco da te. Di sicuro questo è un tentativo.

Se non sbaglio il Midrash dice che "gli inizi sono sempre difficili". Il percorso che sto facendo non è all'inizio. Ma mentre ti leggevo avevo come la sensazione che si fosse aperta una nuova fase. Immagino che dopo la pubblicazione del libro ti abbiano contattata tantissime persone, però non potevo lasciar intentata questa cosa. Quindi, Masal, se in uno dei tuoi passaggi a Milano vorrai e potrai, sarebbe molto bello incontrarti e abbracciarti.

Shalom,

Shulamit

Cara Masal,

quando lei parla la sua voce arriva alle emozioni. È una voce ipnotica che arriva da certezze eterne. Ascoltandola mi risveglio. Immediatamente sento che anch'io sono capace di comunicare così, solo non l'ho mai fatto perché non mi autorizzavo a farlo.

Lei fa sbocciare me e io faccio sbocciare mio figlio.

Marta

Carissima Masal,

non potevo immaginare che il tuo libro esprima qualcosa di così importante. Ti riconosco pienamente in quello che scrivi.

La tua sete di conoscenza che sin da piccola devi aver avuto molto sviluppata, la tua avidità di sapere e il piacere di seminare la tua conoscenza sono fondamentali, e poi la tua meravigliosa mamma. Sì, le madri non scompaiono mai nella nostra psiche. Quando mia madre è morta, le sue ultime parole sono state "mamma!" L'ha invocata fino all'ultimo e altrettanto mio fratello che è morto gridando "mamma". È vero, l'essere umano è la sua memoria e le sue ferite sono il suo patrimonio...

Quindi, cara Masal, questo distacco non avviene mai, e forse è giusto così perché mi spieghi dove e con chi si può trovare affetto e un'energia come quella?

Il tuo libro mi piace molto perché è carico di verità. Non c'è una menzogna e si percepisce leggendolo come invecchiando tu non desideri più compiacere, ma ciò a cui aspiri è la verità.

Il mio grande ebreo Gesù Cristo dice "la verità vi renderà liberi" e io sento che sei libera nello scrivere come in *A piedi scalzi nel kibbutz*. Un abbraccio,

Sara

Masal non posso dimenticare il nostro primo incontro, ho pianto tutto il tempo... quanto avrei voluto una madre come te!

Ti abbraccio,

Chiara

Ho letto la sua autobiografia *A piedi scalzi nel kibbutz* prestatami da una mia sorella in un momento per me e mia figlia molto difficile... Ho tratto delle energie da questa storia... Mi sono riletta anche io... Ho amato molto quella bambina che si raccontava... Grazie!

Susanna

Complimenti per il suo libro!

L'ho letto tutto d'un fiato e mi ha trasmesso in un attimo tutte le sue sensazioni oltre ai colori e ai costumi israeliani, ma soprattutto ebraici. Grazie,

Maria

Non so come cominciare questa e-mail, pertanto non faccia troppo caso alla mia esposizione ma ai contenuti. Sabato stavo stirando in soggiorno con la tv accesa e come al solito cercavo fra i miei canali preferiti qualcosa che mi facesse passare quelle ore in modo piacevole.

Passando per Rai Storia ho visto lei sullo schermo che parlava della sua vita, molto brevemente, per raccontare a noi spettatori quello che lei ha vissuto nella sua infanzia e come lo ha trasferito nell'aiutare "persone in difficoltà". Io personalmente, prima come bambina e poi come mamma di due adolescenti, mi sono ritrovata nelle sue parole, nel suo raccontare così calmo e tranquillo, nel suo sorriso, specialmente quando ha parlato degli educatori che i nostri figli incontrano lungo il loro cammino. Quando lei ha detto che qualche volta gli insegnanti dovrebbero chiedere agli alunni come vorrebbero fosse fatta la lezione, coinvolgendoli direttamente, mi si è aperto il cuore perché purtroppo ancora adesso gli insegnanti si comportano come padre-padrone nei confronti di questi ragazzi che vorrebbero dire la loro, ma che sono scoraggiati dal farlo. Questo comportamento crea delle insicurezze nei ragazzi rendendoli apatici verso quella materia. Accetti questo mio sfogo così com'è, sono una semplice casalinga che cerca di interessarsi a tutto quello che le succede intorno, ma sono anche figlia e sorella di due insegnanti di matematica che hanno fatto della loro passione lo scopo della loro vita, ovvero rendere la matematica il più semplice possibile perché possa essere compresa e un po' amata anche dagli altri. Concludo ringraziandola fin d'ora delle sue parole, di cui ho fatto tesoro, e la saluto cordialmente.

Cristiana

Buonasera gentile dottoressa,

mi chiamo Silvia e sono un'educatrice di asilo nido.

Lavoro a Roma e dopo aver visto la sua mostra al Palazzo delle Esposizioni, ho letto il libro *A piedi scalzi nel kibbutz.*

Ne sono rimasta affascinata e a breve credo di acquistare altri testi utili per il mio lavoro.

Leggevo sul suo sito che lei ha ideato un "metodo del contenimento" e che anche sua figlia lo utilizza come strumento per entrare in contatto con i bambini.

Sarei interessata a saperne di più... Non so se organizzate dei corsi per insegnare oppure spiegare questo metodo... Se sì, la invito a tenermi informata, ne sarei molto lieta.

La ringrazio anticipatamente e grazie per il suo lavoro e per tutto quello che ci restituisce attraverso i suoi testi.

Silvia

A piedi scalzi è uno dei libri più belli che io abbia letto, pieno di gioia e di dolore, di energia, e subito dopo il racconto di come insegnavi alle giovani maestre a lavorare con i bambini, dovrebbe essere proposto come testo, altro che la povertà di quello che propongono negli asili adesso; certo per lavorare con te bisognava essere toste, mica ragazzette qualunque... Sorrido.

Susanna

Ciao Masal,

mi chiamo Michele e ho ventisei anni, sono un militare di carriera da sette e ho svolto due missioni in Medio Oriente. Ho potuto leggere la tua biografia, colgo l'occasione per porgerti i miei più sinceri e affettuosi complimenti per il tuo impegno, la tua perseveranza e l'enorme sforzo a servizio del prossimo! Che Dio ti benedica e illumini la tua bellezza! Un abbraccio forte forte,

Michele

Gentilissima Masal Pas Bagdadi,

ho da poco letto il libro da lei scritto *A piedi scalzi nel kibbutz*, dal quale sono rimasta affascinata e incuriosita. Sono una ragazza di ventiquattro anni, studio per fare l'educatrice e sto scrivendo una tesi in cui sostengo che, usando le proprie risorse interiori, si possa riuscire a superare le difficoltà e le sofferenze della vita e a diventare persone affermate.

Potrebbe essere disponibile per un'intervista?

Cordiali saluti,

Susanna

Cara Masal,

molte persone, come me, saranno state profondamente colpite dalla tua personalità, competenza, vivacità, generosità, energia e intelligenza. Potrei continuare con gli elogi ma il rischio è quello di sembrare un adulatore, mentre quello che provo per te è grande rispetto. L'incontro con te mi ha rivelato una donna appassionata del mondo e della vita, proiettata in avanti, verso il futuro, ma con forti e salde radici.

Hai suscitato in me una valanga di sentimenti, ho visto la tua lucidità e precisione nel captare le emozioni di chi ti ascolta e di chi è davanti a te. Mi ha colpito quanto fossi coinvolta, seria e allo stesso tempo leggera nel relazionarti con i ragazzi.

Mentre leggi starai pensando: "Quanto ho studiato e sperimentato sul campo per essere come sono!" Brava.

Graziella

Gentilissima dottoressa,

sto leggendo il suo libro *A piedi scalzi nel kibbutz*, lo sto leggendo e rileggendo perché la sua storia, la sua vita è di grande esempio per me.

La ammiro e spero sentitamente che la sua vita e la dedizione per il suo lavoro servano da esempio a tante persone che come me hanno trentun'anni e ancora tanto da imparare e fare. Un abbraccio,

Lea

Buongiorno dottoressa,

sono Sarah, una studentessa dell'ultimo anno della specialistica in Psicologia dello Sviluppo e dei Processi educativi dell'Università degli Studi Bicocca di Milano. Navigando su internet, mi sono imbattuta nella sua pagina.

Sono rimasta colpita dalla sua storia e dalle sue parole. Mi è sembrata una persona così semplice e umile nella sua grandiosità.

Trovo estremamente utile il suo approccio psicoanalitico nella scuola d'infanzia, poiché rientra nella cosiddetta prevenzione primaria che spesso viene trascurata.

Mi piacerebbe moltissimo incontrarla, se me ne fosse data la possibilità seguirei con entusiamo, dedizione e passione il suo percorso di lavoro.

Sarah

Cara Masal,

ho letto d'un fiato il tuo libro *A piedi scalzi nel kibbutz* e mi è piaciuto moltissimo. Per quello che può valere, ho avuto l'impressione che tu sia una bella persona, con una personalità armonica e "risolta" come si dice, genuina e senza sovrastrutture. Penso che tu abbia sofferto molto più di quello che lasci trasparire e che racconti e per questo sei riuscita a fare molto. Qui a Milano ho incontrato alcune persone che ti conoscevano e so che avevi una notorietà e una stima molto estese negli ambienti intellettuali degli anni settanta che ti ricordano benissimo. Sono contenta di averti conosciuto e spero di rivederti qui a Milano.

Fiorella

A piedi scalzi nel kibbutz è un libro meraviglioso. Io ti ho conosciuta così!

Erika

Grazie di questo libro Masal, mi ha ridato la vita!

Claudia

Che bello il tuo libro, Masal... scrivi ancora... dai!

Francesca

Ho sempre risposto a tutti quelli che mi hanno scritto con tanto affetto.

Il kibbutz dei gabbiani
La ricerca continua dell'equilibrio

Mi sento sola e abbattuta.

Cerco rifugio per la mia anima tormentata nella natura selvaggia vicino al mare.

Sono seduta in alto sulla scogliera. Le rocce di granito nero sono incollate l'una all'altra e formano una fascia di protezione dal retroterra invaso dai cespugli sempreverdi.

È l'ora del tramonto, e il sole sta per tuffarsi negli abissi della notte. L'orizzonte è appena percepibile, cielo e mare si confondono e solo il tratto vicino alla riva è ancora nitido.

Non sento più il battito del mio cuore, sono sopraffatta dall'immensità del gigante liquido in movimento.

Ho paura.

I pensieri si accavallano.

La mia famiglia si è sgretolata e mi tormento sul da farsi per affrontare le difficoltà.

Non ho risposte.

Mi viene in mente mio figlio, e il giorno del suo bar mitzvah, il festeggiamento della maturità religiosa. Lo vedo nel tempio maggiore mentre legge con voce esile e tremante un passo della Bibbia, e poi, alla fine della cerimonia, mentre stringe la mano dei membri della comunità, che lo accolgono tra loro come padri buoni e generosi.

I pensieri si susseguono disordinati, inconsistenti. Mi perdo.

Mi distrae all'improvviso un rumore a sinistra della scogliera, uno schiamazzo rumoroso di gabbiani.

Centinaia di uccelli volano bassi vicino alla scogliera. Sembrano parlare tra loro, si toccano con il becco. Immagino che facciano l'appello di fine giornata, per assicurarsi che tutti i membri del gruppo siano rientrati per la notte.

Forse l'approssimarsi del buio li spaventa. Nella penombra i più coraggiosi si concedono ancora qualche giro nell'aria e un tuffo in acqua per catturare l'ultimo pesce.

Li osservo con attenzione. Invidio il loro atteggiamento genuino di fratellanza; sono così uniti, ciascuno si prende cura dell'altro per sconfiggere la solitudine.

Ho nostalgia del mio kibbutz.

Mi rivedo piccola, sola, senza mamma né famiglia, soltanto estranei intorno a me: scappo a nascondermi dietro la casa dei bambini.

Un brivido mi corre lungo la schiena.

Scuoto la testa per mandare via i brutti pensieri.

La disperazione mi afferra e mi viene da piangere.

Mi sforzo di mettere da parte il dolore, il passato. Non è il momento di piangere, non devo perdere il controllo. Non ci sono più arabi a separarmi dalla mia famiglia, io non sono più la bambina di allora. E i miei figli hanno bisogno di me.

Alcuni gabbiani si accucciano in una grotta tra gli scogli. Si sistemano per la notte, mentre i ritardatari fanno gli ultimi cerchi intorno all'abitato e poi si appollaiano sulle rocce in attesa dell'oscurità. Il più piccolo si è allontanato un po' troppo: non è che un minuscolo punto nero all'orizzonte. Temo possa perdersi nel nulla dell'infinito, e prego che qualche "mamma" si accorga della sua assenza e si alzi in volo per andare a riprenderlo.

Il buio cala lentamente.

Nel silenzio si ode il frangersi ritmico delle onde. Cullano le rocce sulla riva e cantano una ninna nanna per i gabbiani che stanno per addormentarsi.

Il piccolo non si è presentato all'appello. Due maschi si levano in volo in direzioni opposte per andare a cercarlo: forse il puntino nero all'orizzonte era un'illusione ottica, un miraggio? Passano i minuti. I gabbiani sulle rocce attendono muti e immobili il rientro degli assenti.

Cosa può aver spinto il piccolo a allontanarsi tanto? Forse una curiosità incosciente gli ha suggerito di andare fino al limite del mondo per vedere cosa c'è dopo? Da bambina ero convinta che alla fine del mondo ci fosse un abisso: chi avesse varcato quel limite sarebbe caduto in picchiata, senza ritorno.

Penso al piccolo gabbiano ingoiato dall'infinito: immagino che sia coraggioso, attratto dal mistero che si trova al di là del confine. Ha deciso di tentare, di spingersi oltre. Troverà un'altra patria abitata da gabbiani simili a lui, una comunità accogliente, e si costruirà una nuova esistenza come io ho fatto più volte nella mia vita.

Rimango seduta in silenzio, nel buio.

Il cielo è scuro e le stelle tardano a illuminare il mondo.

I gabbiani addormentati e lo sciabordio delle onde mi fanno compagnia: piano piano l'ansia si placa e si confonde con la natura.

Sono felice di aver ritrovato l'armonia dentro di me.

È nella solitudine che ogni volta ritrovo la pace e la forza di reagire.

Bibliografia dell'autrice

PUBBLICAZIONI DI MASAL PAS BAGDADI

Ti cuocio ti mangio ti brucio e poi ti faccio morire. Come cogliere i messaggi nascosti nei pensieri, nei giochi e nei sogni dei bambini, Firenze, Sansoni, 1992, poi Milano, Rizzoli, 1998.

Proprio a me doveva capitare? Come affrontare le difficoltà della separazione per aiutare sé stessi e i propri figli, Milano, Franco Angeli, 2001.

Chi è la mia vera mamma? Come superare turbamenti e difficoltà nella relazione tra genitori e figli adottivi, Milano, Franco Angeli, 2002.

Mamma, mi compri Playboy? Come affrontare capricci, gelosie, curiosità sessuali, separazioni, crisi di identità, Milano, Franco Angeli, 2002.

Genitori non si nasce ma si diventa. Come affrontare capricci, manie, enuresi notturna, pedofilia, separazione, sessualità adolescenziale, Milano, Franco Angeli, 2002.

Il guardiano del palazzo. Crescere coi bambini all'asilo nido. Un manuale per educatori e genitori, Milano, Franco Angeli, 2002.

A piedi scalzi nel kibbutz. Dalla Siria a Israele all'Italia: vita singolare di un'ebrea siriana diventata psicologa dell'infanzia, Milano, Bompiani, 2002.

Dizionario affettivo adulto-bambino bambino-adulto, Firenze, Giunti 2011.

Mi hanno ucciso le fiabe. Come spiegare la guerra e il terrorismo ai nostri figli, Milano, Franco Angeli, 2004.

Ho sentito il tuo cuore che batte. Un nuovo metodo educativo per comunicare con bambini e adolescenti, Milano, Franco Angeli, 2006.

Chi sono io? La ricerca dell'identità attraverso il disegno, Milano, Franco Angeli, 2006.

ALTRE PUBBLICAZIONI

Per amore della lingua. Incontri con scrittori ebrei, a cura di Laura Quercioli Mincer, Roma, Lithos Edizioni, 2005.

Lingua Madre Duemiladieci. Racconti di donne straniere in Italia, a cura di Daniela Finocchi, Torino, Edizioni SEB 27, 2010.

Valeria De Luca, *La luce oltre la siepe. Come si costruisce la felicità*, Roma, RAI ERI Edizioni, 2011.

Mostre

Chi sono io? La ricerca dell'identità attraverso il disegno, esposta a Roma, Palazzo delle Esposizioni, 2010-2011; Milano, Triennale, maggio-giugno 2012; Roma, Teatro dei Dioscuri, novembre 2012-gennaio 2013.

Indice

ANNOTAZIONI

ANNOTAZIONI

ANNOTAZIONI

ANNOTAZIONI

ANNOTAZIONI

ANNOTAZIONI

ANNOTAZIONI

ANNOTAZIONI

ANNOTAZIONI

ANNOTAZIONI

Bompiani ha raccolto l'invito della campagna
"Scrittori per le foreste" promossa da Greenpeace.
Questo libro è stampato su carta certificata FSC,
che unisce fibre riciclate post-consumo a fibre vergini
provenienti da buona gestione forestale e da fonti controllate.
Per maggiori informazioni: http://www.greenpeace.it/scrittori/

I GRANDI Tascabili Bompiani
Periodico quindicinale anno XXII numero 1218
Registr. Tribunale di Milano n. 133 del 2/4/1976
Direttore responsabile: Elisabetta Sgarbi
Finito di stampare nel mese di marzo 2013 presso
Nuovo Istituto Italiano d'Arti Grafiche - Bergamo
Printed in Italy

RCS Libri
ISBN 978-88-452-7299-8